Ernst Schmitter

Sackgasse Wirtschaft

edition 8

Ernst Schmitter

Sackgasse Wirtschaft

Eine Einführung in die Wertkritik

edition 8

Die edition 8 wird im Rahmen des Förderkonzepts zur Verlagsförderung in der Schweiz vom Bundesamt für Kultur mit einem Förderbeitrag für die Jahre 2021–2024 unterstützt.

Besuchen Sie uns im Internet: Informationen zu unseren Büchern und AutorInnen sowie Rezensionen und Veranstaltungshinweise finden Sie unter www.edition8.ch

September 2021, 2. Auflage, Lektorat: Ueli Bänziger, Korrektorat: Verena Stettler, Typografie & Umschlag: Heinz Scheidegger, Druck & Bindung: leibi.de.
Verlagsadresse: edition 8, Quellenstrasse 25, CH-8005 Zürich,
Tel. +41/(0)44 271 80 22, info@edition8.ch

ISBN 978-3-85990-363-0

Wer die herrschende Wirklichkeit kritisieren will,
muss sie erst einmal überhaupt zur Kenntnis nehmen.

Robert Kurz, Das Weltkapital

Inhaltsverzeichnis

Vorwort

Manchmal verbirgt sich die Wahrheit hinter einer allgemeinen Überzeugung wie hinter einer Nebelwand. Eine solche Nebelwand bildet gegenwärtig der Begriff der multiplen Krise oder Vielfachkrise. Wer möchte bestreiten, dass die Welt an einer Vielzahl von Krisen leidet! Auf allen Kontinenten und unter den verschiedensten Aspekten gestaltet sich das Leben der Menschen immer prekärer. Entsprechend zahlreich sind die Publikationen zur multiplen Krise. Und noch zahlreicher sind die Aufrufe zu ihrer Bewältigung. Sie kann und muss überwunden werden. Das ist für die Menschheit eine Überlebensfrage. So der Tenor.

Dabei wird aber die folgende Tatsache zumeist übersehen, ignoriert oder verdrängt: Alle Aspekte dieser multiplen Krise haben die gleiche Ursache. Es handelt sich, aus der Nähe besehen, um eine einzige Krise in verschiedenen Ausprägungen. Es ist die Krise des globalen Gesellschaftssystems namens Kapitalismus. Der Erklärung dieser einen umfassenden Krise widmet sich seit mehr als drei Jahrzehnten die Wertkritik. Die Arbeiten dieser Bewegung sind für das Verständnis der Krise unverzichtbar. Aber gleichzeitig sind sie in weiten Kreisen praktisch unbekannt. Grund genug, sich mit ihnen zu befassen!

Allerdings ist ein Einstieg in wertkritisches Denken schwierig, aus drei Gründen: Erstens sind wertkritische Texte nicht leicht zu verstehen. Sie biedern sich nicht an und erfordern beim Lesen Geduld. Zweitens beschränken sich die meisten von ihnen auf eine theoretische Beschreibung der kapitalistischen Gesellschaft. Das kann Menschen, die sich im gesellschaftlichen Widerstand engagieren wollen, von der Lektüre abhalten, obwohl sie ihnen von Nutzen sein könnte. Drittens ist der Bezug der Wertkritik auf das Werk von Karl Marx gewöhnungsbedürftig. Sowohl nichtmarxistisches wie marxistisches

Denken wird durch die Wertkritik in unvertrautes Gelände geführt.

Mit der vorliegenden Einführung in die Wertkritik möchte ich diesen drei Schwierigkeiten Rechnung tragen. Der Schwerverständlichkeit durch eine möglichst einfache Darstellung der Grundgedanken der Wertkritik. Der Praxisferne wertkritischer Schriften, indem ich auf mögliche Verbindungen zwischen Wertkritik und emanzipatorischer Praxis hinweise. Dem Bezug auf Marx dadurch, dass ich bei den Lesenden keine Marxkenntnisse voraussetze und auf den marxistischen Fachwortschatz soweit möglich verzichte. Das Buch ist somit eine Übersetzungs- und Vermittlungsübung.

Ein Wort noch zu meiner Art der Darstellung: Ich gehöre keiner wertkritischen Gruppierung an. Ich lege diese Einführung vor, weil meines Erachtens die große Bedeutung und der geringe Bekanntheitsgrad der Wertkritik zu stark auseinanderklaffen. Die Wertkritik muss sich seit ihren Anfängen gegen Anfeindungen, gegen Unverständnis, Spott und Häme und teilweise gegen ein systematisches Totschweigen behaupten. Ihre Diagnose der Gegenwart scheint mir indessen so überzeugend, dass sie nach meiner Meinung unbedingt einem breiten Publikum zugänglich sein sollte. Das ist der Grund, weshalb ich in diesem Buch trotz einzelner Vorbehalte durchgängig den Standpunkt der Wertkritik einnehme.

1. Einleitung

Wer sich erstmals auf Wertkritik einlässt, sollte mit Überraschungen rechnen. Das Wort kann Gedankenassoziationen auslösen, die nichts mit seiner Bedeutung zu tun haben. Darum sind der eigentlichen Einführung in die Wertkritik die zwei folgenden Kapitel vorangestellt. Sie sollen den Lesenden Enttäuschungen ersparen. Wer sich nach ihrer Lektüre »im falschen Film« glaubt, möge sich getrost unterhaltsameren Dingen zuwenden als dem Lesen dieses Buchs. Umgekehrt ist die Lektüre der beiden Kapitel zum Verständnis der Fortsetzung nicht nötig. Wer ohne Vorbereitung ins kalte Wasser der Werttheorie und -kritik springen möchte, kann also gleich mit dem zweiten Teil beginnen.

Die Wespe am Fenster – Über die Schwierigkeit, gegen den Kapitalismus zu sein

Sozial und ökologisch engagierte Menschen sehen ihre Arbeit immer öfter als aktiven Widerstand gegen den Kapitalismus und outen sich zunehmend unerschrocken als antikapitalistisch. Leider ist damit zumeist nichts gesagt. Nur wenige haben nämlich einen Begriff davon, was es denn bedeutet, »gegen den Kapitalismus zu sein«. Antikapitalismus ist zur Chiffre für allerlei unangepasste Denk- und Verhaltensweisen geworden. Dahinter steckt die Vorstellung, Antikapitalismus sei eine Frage der widerständigen Lebenspraxis, eine Theorie brauche es dazu nicht. Probieren gehe schließlich über Studieren. Wozu sich also mit Studieren beschäftigen, angesichts des desolaten Zustands der Welt! »Wir fangen schon mal an!« ist deshalb die Devise vieler praxisorientierter Gruppen.

Diesem Buch liegt die These zugrunde, dass damit das Scheitern des Widerstands schon gegeben ist. Was sich für antikapitalistisch hält, ist nämlich in der Regel integrierender Bestandteil des warenproduzierenden Systems namens Kapitalismus und kann sogar zu dessen Fortdauer beitragen. Der Widerstand muss erfolglos bleiben, solange er das System und damit seine eigene Situation nicht kennt. Er gleicht dann einer Wespe, die sich an einer Fensterscheibe zu Tode summt, wenn niemand das Fenster öffnet. Die Wespe weiß nicht, dass kein Weg durch die Glasscheibe hindurchführt. Ihre wütende Zielstrebigkeit hilft ihr nicht weiter. Der »antikapitalistische« Widerstand weiß nicht, dass das, was sich ihm als Hindernis entgegenstellt, für ihn nicht sichtbarer ist als die Glasscheibe für das Insekt. Er sollte aber die unsichtbaren Realitäten des Systems kennen. Sonst bleibt er chancenlos. Er muss dann nach einigen Jahren wütenden Summens aufgeben oder sich anpassen. Umso besser für das Fortdauern des Systems! Zahlreiche Beispiele der letzten Jahrzehnte belegen das.

Menschen im gesellschaftlichen Widerstand gehen fast immer von der Frage aus: »Was kann ich tun?« In zahllosen Gruppen und Organisationen, deren Hauptmotor genau diese Frage ist, geben viele auf der ganzen Welt ihr Bestes – und erreichen dennoch, aufs Ganze gesehen, nur wenig. Aus einem einfachen Grund: Die Was-kann-ich-tun-Bewegungen konzentrieren ihre Anstrengungen auf die Behebung eines einzelnen Missstands, auf ein einzelnes Problem, eine einzelne Aufgabe. Es sind Einpunktbewegungen. Sie erreichen zwar nicht selten eine Verbesserung der Zustände in ihrem begrenzten Tätigkeitsbereich – Menschenrechte, fairer Handel, Verkehrsberuhigung, Energieeffizienz, Quartierleben, solidarische Landwirtschaft, Flüchtlingsbetreuung, Tierschutz, Wachstumskritik, Umwelt- und Sozialpolitik und so weiter. Aber bestenfalls können sie bewirken, dass »sich etwas ändert«, dass »es immerhin schon ein wenig besser geht«, dass »Hoffnung erlaubt ist, wenn nur alle …« und so weiter. Insofern tun diese Bewegungen natürlich auch den Bewegten selbst gut. Jedoch können sie nie eine gesamthafte gesellschaftliche Veränderung erreichen, die sie selbst als Einpunktbewegungen überflüssig machen würde. Am Ende eines lebenslangen Engagements in einer Einpunktbewegung bleiben denn auch häufig die öffentliche Anerkennung des mutigen Einsatzes einerseits und die Ernüchterung andererseits: So viel Arbeit für so bescheidene Ergebnisse! Das wachstumsgetriebene System namens Kapitalismus hört derweil nicht auf zu produzieren, zu akkumulieren, auszubeuten, zu wuchern, zu überwachen, zu kontrollieren, zu unterjochen, zu zerstören und zu töten. Es funktioniert unbehindert weiter. Die Einpunktbewegungen arbeiten ihrerseits weiter, und ihre Zahl nimmt zu, während ihre Bemühungen oftmals ins Leere laufen.

Der blinde Fleck im Auge der Was-kann-ich-tun-Bewegungen ist der Gesamtzusammenhang, in dem sie stehen. Das gesellschaftliche Ganze, an dem alle Einpunktbewegungen teilhaben, sorgt gleichsam hinter ihrem Rücken dafür, dass sie letztlich nicht das erreichen, was sie anstreben, ja oft sogar das Gegenteil. Der Einsatz für Menschenrechte zum Beispiel ist ein verschämtes Ja-Sagen zur Tatsache, dass die Menschenrechte im Kapitalismus nicht eine Selbstverständlichkeit sind, sondern eben als Rechte eingefordert und schließlich gewährt werden, sofern die wirtschaftlichen und politischen Sachzwänge es zulassen; aber leider nur dann. Naturschutz ist eigentlich Kollaboration mit einem System, das die Natur nicht als seine Grundlage anerkennt, sondern als ein Gut ansieht, das man schützen kann, vorausgesetzt, die Gesellschaft kann sich das finanziell leisten; aber leider nur dann. Fairer Handel lässt schon in seinem paradoxen Namen die Tatsache durchschimmern, dass er flächendeckend nur möglich wäre, wenn die Basis des freien Handels aufgehoben würde: das Prinzip der Konkurrenz. Genau das strebt er aber nicht an. Deshalb muss er eine Hilfe von Privilegierten für Privilegierte bleiben. Wer glaubt, die Umstellung der Landwirtschaft auf Biolandbau könne durch entsprechenden Druck von Konsumentinnenseite erreicht werden, muss zur Kenntnis nehmen, dass genau dieser Druck zu einer Aufweichung der Kriterien führen kann, die für den Biolandbau gelten, bis hin zur schleichenden Integration der Gentechnik in die Biolandwirtschaft. Sparsamer Umgang mit nicht erneuerbaren Rohstoffen und Energien bewirkt über das Gleichgewicht von Angebot und Nachfrage zumeist eine Preissenkung und damit letztlich einen gesamthaften Anstieg des Verbrauchs. Das ist der Rebound-Effekt, ein seit mehr als 150 Jahren bekanntes ökonomisches Phänomen, das seinen Ursprung im Wachstumszwang der Wirtschaft und den damit verbundenen Produktivitätssteigerungen hat.[1] Es bewirkt, dass schonender Umgang mit Ressourcen aus wirtschaftlichen Gründen regelmäßig das Gegenteil dessen zur Folge hat, was er anstrebt, eben einen Anstieg statt einer Senkung des Verbrauchs. Und so weiter. Die Reihe der Beispiele ließe sich beliebig fortsetzen.

Spontanes widerständiges Engagement ist leider meist blind gegenüber den Zusammenhängen, in welchen es sich bewähren muss. Deswegen erreicht es in der Regel etwas anderes als das ursprünglich anvisierte Ziel. Die Was-kann-ich-tun-Bewegungen sind zwar in der Tat unverzichtbar, aber sie sind es nur innerhalb des Systems; und gleichzeitig wirken sie häufig unfreiwillig und unbewusst mit an der Erhaltung des Systems. Sie können grundsätzlich nicht antikapitalistisch sein, auch wenn sie das selber glauben. Sie streben Systemoptimierungen an, nicht einen Systemwechsel. Wer jedoch auf die Taube auf dem Dach verzichtet in der Hoffnung, dass ihm dann wenigstens der Spatz in der Hand bleibt, dem flattert oft auch der Spatz davon, wie die Erfahrung vieler Einpunktbewegungen zeigt.

Widerstand, der sich nicht in diesen Sackgassen verlieren will, sollte also den kapitalistischen Gesamtzusammenhang kennen, in welchem er sich bewegt. Wenn Kapitalismuskritik nicht nur die allgemein übliche Krisenverwaltung rechtfertigen soll, muss sie radikal sein. Sonst ist sie keine. Radikale Kritik ist, wie im Wort »radikal« angedeutet, eine Kritik, die an die Wurzeln geht. Davon sind die meisten Was-kann-ich-tun-Bewegungen weit entfernt. Radikale Kritik ist im globalisierten Kapitalismus ein seltenes Gut. Aus verständlichen Gründen: Sie würde so ziemlich alles infrage stellen, was zählt: die Wirt-

1 William Stanley Jevons hat den Rebound-Effekt 1865 erstmals in seinem Werk *The Coal Question* beschrieben.

schaft, die Politik, die Medien, das Erziehungs- und Bildungswesen, Wissenschaft, Forschung und Technik, den Sport, die Art des Zusammenlebens der Geschlechter und nicht zuletzt das allgegenwärtige Wettbewerbsdenken, dieses Schmiermittel der kapitalistischen Maschine, von dem auch gesellschaftskritisch denkende Menschen unverdrossen behaupten, es sei »gesund«. Eine so kompromisslose Infragestellung der gegenwärtigen Gesellschaftsordnung ist zwar dringend nötig; aber weil sie radikal ist, kann sie in der Gesellschaft, die sie kritisiert, nur ein Außenseiterdasein führen.

Genau diese Rolle der unbequemen Außenseiterin spielt seit mehr als dreißig Jahren die Wertkritik. Sie geht zurück auf die »Kritik der politischen Ökonomie« von Karl Marx. Politische Ökonomie hieß zu Marx' Zeiten das, was man heute Wirtschaftswissenschaft oder Volkswirtschaftslehre nennt. Die Wirtschaftswissenschaft hatte damals wie heute eine doppelte Funktion: Einerseits wollte sie der kapitalistischen Praxis eine wissenschaftliche Grundlage liefern. Andererseits diente sie dieser Praxis ganz plump als ideologische Rechtfertigung. Dieses Doppelspiel hat Marx kritisiert und man muss es auch heute kritisieren. Der Kapitalismus hat sich seit Marx stark entwickelt und verändert, und mit ihm das Fach, das ihm als Grundlage und ideologische Rechtfertigung dient, eben die Wirtschaftswissenschaft. Dieser Entwicklung tragen die wertkritischen Autorinnen und Autoren in ihrer Arbeit Rechnung. Sie nehmen für sich in Anspruch, eine Kritik der politischen Ökonomie für das 21. Jahrhundert zu entwickeln, indem sie Teile des marxschen Werks wieder aufnehmen, deren Aktualität man erst jetzt wirklich verstehen kann. Sie kritisieren die Wirtschaft und die Wirtschaftswissenschaft unserer Zeit. Damit bieten sie all jenen Engagierten eine Denkhilfe, die ihrer eigenen Unmittelbarkeit misstrauen und dem Schicksal der Wespe am geschlossenen Fenster entgehen möchten. Das zentrale Thema der Wertkritik sind nämlich die verborgenen Realitäten des kapitalistischen Wirtschafts- und Gesellschaftssystems, die sich jedem unreflektierten Widerstand als unüberwindbares Hindernis in den Weg stellen. Diesen Realitäten muss die ganze Aufmerksamkeit radikaler Kapitalismuskritik gelten.

Crashkurs Wertkritik: Der Kapitalismus steckt nicht in der Krise – er IST die Krise

Wer sich Gedanken macht über die Frage, wie eine nichtkapitalistische Wirtschaft aussehen könnte oder müsste, stößt sogleich auf fast unüberwindliche Schwierigkeiten, vergleichbar der unsichtbaren Fensterscheibe, an welcher sich die Wespe zu Tode summt, von der im vorangehenden Kapitel die Rede war. Der Begriff der Wirtschaft, der Ökonomie, ist sehr vieldeutig und bezeichnet heute etwas völlig anderes als zum Beispiel in der griechischen Antike. Wenn wir uns fragen, wie vormoderne Gesellschaften »gewirtschaftet« haben, dann müsste die Antwort, streng genommen, lauten, dass sie praktisch gar nicht gewirtschaftet haben. Der Umgang der Menschen mit menschlichen und natürlichen Ressourcen war von der Steinzeit bis zum Mittelalter nicht von den gleichen Kategorien, Grundsätzen und Vorstellungen geprägt, wie sie heutigem Wirtschaften zugrunde liegen. Allein schon die Fragestellung, wie die Wirtschaft in früheren Zeiten ausgesehen habe, lässt auf eine Projektion heutiger Vorstellungen von Wirtschaft auf diese früheren Zeiten schließen, eine Projektion, die der historischen oder prähistorischen Wirklichkeit nicht gerecht wird. Dass wir unsere Vorstellungen von Wirtschaft auf vergangene und vielleicht auch auf zukünftige Zeiten projizieren, das erklärt sich aus der Tendenz der heutigen Wirtschaft und Wirtschaftswissenschaft, unser kapitalistisches Wirtschaften als »natürlich«, das heißt der menschlichen Natur entsprechend, darzustellen; dies, obwohl der Kapitalismus, menschheitsgeschichtlich gesehen, nicht mehr als eine Fußnote ist. Wer nach nichtkapitalistischen Arten des Wirtschaftens in Vergangenheit und Zukunft fragt, sollte sich davor hüten, in seiner Suche von den Selbstverständlichkeiten kapitalistischen Wirtschaftens auszugehen in der Hoffnung, von da aus eine »bessere Wirtschaft« zu entwickeln.

Schon nur der Begriff einer »nichtkapitalistischen Wirtschaft« ist problematisch. Am besten würde man auf ihn verzichten. Denn in der Gegenwart sind die Begriffe Wirtschaft und Kapitalismus praktisch deckungsgleich. Wer nach der Möglichkeit einer nichtkapitalistischen Wirtschaft fragt, ist also möglicherweise, ohne es zu merken, auf der Suche nach einem »nichtkapitalistischen Kapitalismus«. Wer meint, eine wie immer geartete Wirtschaftsreform oder gar eine wirtschaftliche Revolution könnte zu einer besseren, eben nichtkapitalistischen Wirtschaft führen, läuft Gefahr, sich im Kreise zu drehen und letztlich wieder zum Ausgangspunkt zurückzukehren: zur kapitalistischen Wirtschaft. Versuche in dieser Richtung haben bisher immer im »Realsozialismus« geendet und sind schließlich gescheitert. Sie bauten auf der Illusion auf, zur Schaffung einer nichtkapitalistischen Wirtschaft genüge es, die Stärken des Kapitalismus in ein neues System zu übernehmen und gleichzeitig seine Schwächen zu eliminieren.

Wertkritisches Denken lässt indessen verstehen, dass zur Überwindung des Kapitalismus nicht eine bessere Wirtschaft nötig ist, sondern ein *Ausstieg der Menschheit aus der Wirtschaft*. Das ist schnell gesagt, muss aber ausführlich erklärt werden. Dem entsprechenden Erklärungsversuch ist der ganze zweite Teil dieses Buchs gewidmet. Wenn die Menschheit jedoch nicht aus der Wirtschaft aussteigt, ist der Wertkritik zufolge ein globales Desaster zu befürchten, das den Einwirkungsmöglichkeiten der Menschen weitgehend entzogen wäre. Darum ist bewusstes und durchdachtes gemeinsames Handeln dringend nötig. Auf diese Befreiungspraxis geht der dritte Teil des Buchs ein. Zuerst soll hier aber der Versuch gewagt werden, die Wertkritik in einem Dreiminutenkurs vorzustellen. Wer nach diesem Kurs zum Schluss kommt, eine Fortsetzung der Lektüre lohne sich nicht, kann das Buch weitergeben. Wer sich umgekehrt zum Weiterlesen entschließt, hat schon eine Ahnung von der Gedankenwelt, die ihn oder sie erwartet.

Zwei mögliche Missverständnisse gilt es vorher auszuräumen: Das erste betrifft den Arbeitsbegriff, wie er in der Wertkritik und folglich auch in diesem Buch verwendet wird. Gemeint ist nicht die Gesamtheit der menschlichen Tätigkeiten, zu denen ja zum Beispiel Hausarbeit, künstlerische Arbeit, Gartenarbeit, Industriearbeit und viele andere Aktivitäten gehören. Gemeint ist immer die Art von Arbeit, ohne die der Kapitalismus nicht funktionieren könnte und die ihn als Grundprinzip von allen anderen Gesellschaftsformen unterscheidet: die Lohnarbeit. Die zweite Klärung betrifft die soeben gemachte Gleichsetzung »Wirtschaft gleich Kapitalismus«. Diese Gleichsetzung bedeutet nicht, dass der kapitalistische Umgang mit menschlichen und natürlichen Ressourcen der einzig mögliche wäre. Die wichtigen menschlichen Bedürfnisse – Nahrung, Kleidung, Wohnen, Mobilität, soziale und kulturelle Bedürfnisse – könnten sehr wohl in einem nichtkapitalistischen System befriedigt werden; aber dieses System hätte wenig gemein mit dem, was sich heute die Wirtschaft nennt. Der Wertkritik zufolge ist es sinnlos, die Wirtschaft verbessern zu wollen. Denn Wirtschaft bleibt Wirtschaft, und als solche ist sie eben kapitalistisch.

Was leistet nun aber wertkritische Kapitalismuskritik, was nicht spätestens seit Marx bekannt ist? Inwiefern unterscheidet sich Wertkritik von herkömmlicher Kapitalismuskritik, die sich ja zumindest teilweise im »real existierenden Sozialismus« blamiert hat? Die Antwort liegt im Kerngedanken der Wertkritik. Er geht zurück auf eine Erkenntnis von Karl Marx, die vom Marxismus zu wenig beachtet, vermutlich auch nicht richtig verstanden wurde: In das Wirtschaftssystem namens Kapitalismus ist ein Mechanismus eingebaut, der zu seiner Selbstzerstörung führen muss. Wirtschaft ist Herstellung von Reichtum – also von wirtschaftlichem Wert – durch menschliche Arbeit und Verteilung dieses Reichtums. Der gesamte Reichtum, also die Masse des wirtschaftlichen Werts, kann und muss wachsen aufgrund des Einsatzes von immer mehr menschlicher Arbeitskraft. Aber gleichzeitig muss im Wettbewerb aus Kostengründen so viel Arbeitskraft wie möglich aus der Warenproduktion eliminiert werden. Damit verstopft der Kapitalismus die Quelle, von der er lebt. Die Quelle ist die menschliche Arbeitskraft. Dieser Widerspruch – einerseits Schaffung von Wert durch Arbeit, andererseits Eliminieren ebendieser Quelle des Werts – ist der Krankheitskeim, der den Kapitalismus fällen wird. So die wertkritische These.

Dieser selbstzerstörerische Prozess lässt sich nicht aufhalten oder gar rückgängig machen. Er erfolgt in der immer gleichen Richtung. Das System ist deshalb nie zweimal im gleichen Zustand. Sein heutiger Zustand ist völlig verschieden von demjenigen beispielsweise der Sechzigerjahre. Der Kapitalismus der Sechzigerjahre war gekennzeichnet durch ein beeindruckendes Wirtschaftswachstum, durch geringe Arbeitslosenzahlen und durch einen unglaublichen Optimismus. Der Kapitalismus unserer Zeit hat nichts von alledem. Die Reichtumsquelle Arbeitskraft versiegt allmählich, weil die menschliche Arbeit aus den Produktionsprozessen zunehmend eliminiert wird. Aber sie versiegt auf tückische Weise, sodass die Menschen es in ihrem Alltag kaum wahrnehmen können. Dieser Alltag ist nämlich gekennzeichnet durch eine atemberaubende Beschleunigung der Produktionsprozesse und ein entsprechendes Anwachsen des Konsums, durch die wirtschaftliche Globalisierung, durch technische Innovation und Fortschritt, Automatisierung und Robotisierung, durch die rasche Einführung und Banalisierung der künstlichen Intelligenz, durch schwindelerregende Fortschritte in Wissenschaft und Technik, durch eine schnell wachsende Finanzwirtschaft und durch eine beeindruckende »Dubaiisierung« der Welt. Diese Erscheinungen lassen nicht, wie man vielleicht glauben möchte, auf die Vitalität und Erneuerungskraft des Systems schließen. Auf dem Hintergrund wertkritischer Erkenntnisse sind sie vergleichbar mit dem, was man in der Baumpflege Angsttriebe nennt: Bäume unter Stress bilden viele senkrecht nach oben gerichtete Triebe. Diese entstehen bei Bäumen, deren Wachstum durch Faktoren wie die Luftverschmutzung oder die beengende Nähe anderer Pflanzen behindert ist. Es sind Stresssymptome. Ebenso kann man die verschiedenen Ausprägungen der eben beschriebenen allgemeinen Beschleunigung unserer Zeit als Stresssymptome des kapitalistischen Wirtschaftssystems deuten, das zwar unter Wachstumszwang steht, aber doch nicht mehr wachsen kann.

Dass das System unter Wachstumszwang steht, ohne noch wachsen zu können, das lassen auch die »Kollateralschäden« des gegenwärtigen Beschleunigungsrauschs vermuten: die rasch zunehmende Zerstörung der Umwelt, die menschengemachte Veränderung des Klimas, die Ausgrenzung überflüssig Gewordener und die dadurch verursachten Migrantenströme, die allgegenwärtige Registrierung, Kontrolle und Überwachung von Menschen, eine flächendeckende Banalisierung von Unrecht und Gewalt, das Abdriften der globalen Gesellschaft in Nationalismus und Faschismus und die damit verbundene rasch zunehmende Kriegsgefahr. Der Kapitalismus der Sechzigerjahre war ein kraftstrotzender Muskelprotz; der Kapitalismus unserer Tage ist, aus der Nähe besehen, ein sich von Krise zu Krise schleppender Kranker. Er IST eigentlich eine einzige lange Krise. Eine Krise hat zwar immer auch ein Ende; aber das Ende dieser Krise wird zugleich das Ende des sich dahinschleppenden Systems sein. Das ist die Diagnose der Wertkritik. Sie folgert daraus, dass der Kapitalismus nicht gerettet werden kann. Denn ein Zurück zu früheren, besseren Zuständen ist nicht möglich. Der Kapitalismus muss also abgeschafft und ersetzt werden. Und dies möglichst rasch. Die Katastrophe seiner Selbstzerstörung lässt der Menschheit nicht mehr viel Zeit.

Was hier in Kurzform und ohne Erläuterungen dargestellt wurde, wird in den folgenden Kapiteln unter verschiedenen Aspekten beschrieben und erklärt. Dabei sind gewisse Wiederholungen nicht zu vermeiden. Denn die geschilderte, in sich widersprüchliche Entwicklung des Kapitalismus hat verschiedene Dimensionen, die nicht alle gleichzeitig, sondern nur nacheinander aufgezeigt werden können. Aber der hier vorgestellte Kern der Wertkritik ist in allen diesen Dimensionen unverändert der gleiche.

2. Mit Marx über Marx hinaus – Kapitalismuskritik für das 21. Jahrhundert[2]

Die Sicht der Wertkritik auf die kapitalistische Gesellschaft unterscheidet sich radikal von herkömmlichen Anschauungen, und zwar sowohl von marxistischen als auch von nichtmarxistischen. Vor allem hebt sie sich in ihrer Kritik des Kapitalismus scharf ab von den Positionen des traditionellen Arbeiterbewegungsmarxismus. Dieser hatte sich zwar auf das Werk von Marx berufen, dabei aber eine Dimension des marxschen Werks praktisch vollständig ausgeblendet: die Kritik des Fundaments, auf dem der Kapitalismus als System errichtet ist. Der herkömmliche Marxismus wollte, grob gesprochen, den Kapitalismus mit dessen eigenen Waffen schlagen: Eine fortwährende Steigerung der Arbeitsproduktivität, allerdings kombiniert mit einer sorgfältigen Planung und Organisation, sollte eine gerechte Verteilung der produzierten Reichtümer ermöglichen. Damit verblieb der Marxismus, ohne sich dessen bewusst zu sein, grundsätzlich innerhalb der Kategorien, die für kapitalistisches Wirtschaften gelten. Der Wertkritik zufolge geht es aber nicht einfach darum, die Warenproduktion zu optimieren und die Verteilung der Reichtümer gerecht zu organisieren. Dieses Vorhaben müsste über kurz oder lang scheitern, weil es mit dem Wesen der kapitalistischen Produktionsweise nicht vereinbar ist. Die kapitalistische Produktionsweise ist selbstzweckhaft und kann nur so lange aufrechterhalten werden, wie sie primär *nicht* der Befriedigung menschlicher Bedürfnisse, sondern der Kapitalvermehrung dient. Sie steht deshalb unter einem Rentabilitätszwang, dem sie sich nicht entziehen kann. Die oft von linken Kapitalismuskritikern geäußerte Behaup-

2 Der Titel ist in Anlehnung an den Titel einer Selbstdarstellung der *EXIT!*-Gruppe gewählt. http://www.exit-online.org/druck.php?tabelle=selbstdarstellung&posnr=7 [01.10.18]

tung, »Geld zum Verteilen wäre ja genug da«, sitzt der Illusion auf, Profite könnten im Kapitalismus beliebig verteilt werden, ohne dass dabei das System als Ganzes Schaden nehmen müsste. Wenn jedoch das kapitalistisch erwirtschaftete Geld grundsätzlich an all jene verteilt würde, deren Bedürfnisse in diesem System zu kurz kommen, dann müsste das System nicht nur Schaden nehmen, sondern zugrunde gehen. Aber genau das wollen ja die Geld-ist-genug-da-Reformer nicht, weil es in diesem Fall gar nichts mehr zu verteilen gäbe.

Es geht also der Wertkritik zufolge vielmehr darum, das System als solches zu verstehen, zu kritisieren, abzuschaffen und durch etwas ganz anderes zu ersetzen. Aber diese Zielsetzung bedingt, dass man die Tiefendimension des Systems ausleuchtet. Man muss deshalb versuchen, die Bedeutung der Basiskategorien zu ergründen, auf denen das System aufbaut. Eine solche Basiskategorie ist zum Beispiel die Arbeit. Wenn man das Wesen der Arbeit und anderer Basiskategorien im warenproduzierenden System namens Kapitalismus nicht versteht, hat man keine Chance, das System zu überwinden. Solange man keinen Einblick in diese Tiefendimension des Systems hat, befindet man sich deshalb in der hilflosen Situation der Wespe, die sich am geschlossenen Fenster zu Tode summt.

Im Anspruch der Wertkritik, die Tiefendimension des Kapitalismus zu ergründen, liegt der grundsätzliche Unterschied gegenüber herkömmlichen Sichtweisen auf den Kapitalismus. Dabei bezieht sich die Wertkritik paradoxerweise auf das Werk des gleichen Karl Marx, auf den sich der Marxismus seit 150 Jahren beruft. Die Frage, warum das kein logischer Widerspruch ist, soll in den folgenden Kapiteln beantwortet werden. Aber vorerst müssen wir versuchen, uns innerlich dem ideologischen Trommelfeuer zu entziehen, das täglich als unverbrüchliche, wissenschaftlich erwiesene Wahrheit der Ökonomie auf uns niederprasselt. Wir müssen uns in einem ersten Schritt die verquere Sichtweise der Ökonomie auf die Wirklichkeit abgewöhnen. Das kommt einer Entwöhnungskur des Denkens gleich. Ein Einstieg in die Wertkritik beginnt mit dieser Entwöhnungskur.

Die verkehrte Welt der Warenwirtschaft

Die Wirtschaft hat einen fundamentalen Konstruktionsfehler: Sie produziert grundsätzlich an den Bedürfnissen der Menschen vorbei. Das heißt: Sie produziert einerseits in wachsendem Maße nutzlose und schädliche Dinge; und andererseits produziert sie nützliche und notwendige Dinge nicht oder verhindert deren Konsum, indem sie sie nach ihrer Herstellung wieder vernichtet. Beides aus demselben Grund: Die Ökonomie unterscheidet nicht zwischen *Bedürfnis* und *Nachfrage*. Bedürfnisse sind durch das Leben und das Zusammenleben gegebene Notwendigkeiten und betreffen das, was Menschen brauchen, um leben und überleben zu können. Unter Nachfrage versteht man den Wunsch, bestimmte Waren auf dem Markt zu erwerben. Absurderweise bedeuten die beiden Begriffe in der Wirtschaft das Gleiche. Besser: Bedürfnisse, die sich nicht in Kaufkraft äußern, gelten als nicht vorhanden. Sie werden nur wahrgenommen, wenn sie in der Gestalt einer Nachfrage auf dem Markt auftreten. Und umgekehrt gilt: Wo für ein Produkt eine Nachfrage auf dem Markt besteht, da stellt sich die Frage nicht, ob es auch einem menschlichen Bedürfnis entspricht. Das ist für das ökonomische Denken nicht von Belang.

Hinter diesem Sachverhalt steht der grundsätzliche Unterschied zwischen *Gütern* und *Waren*. Wie der Unterschied zwischen Bedürfnis und Nachfrage wird auch er von der Wirtschaft nicht wahrgenommen. Er ist den meisten Menschen nicht bewusst. Eine Ware ist ein Gut, das man produziert, um es zu verkaufen, ein Gut, das auf dem Markt erscheint. Die Wirtschaft produziert Güter dann und nur dann, wenn die Aussicht besteht, dass sie verkauft werden können. Wenn diese Aussicht nicht besteht, werden sie nicht produziert. Und wenn sie sich hinterher als unverkäuflich erweisen, werden sie im Regelfall vernichtet. Das heißt: Im Kapitalismus werden Güter grundsätzlich als Waren und nur als Waren produziert.

Der Zusammenhang zwischen der Produktion einer Ware und der Aussicht auf ihre Verkäuflichkeit ist so zwingend, dass er als eine nicht auflösbare Einheit gilt. Wer nicht erwarten kann, seine Ware verkaufen zu können, stellt sie erst gar nicht her. Der tiefste Grund der Warenproduktion liegt demnach nicht in menschlichen Bedürfnissen, die befriedigt werden müssen. Er liegt in der Tatsache, dass man damit Geld verdienen kann. Brot wird nur gebacken, Häuser werden nur gebaut, Kleider werden nur genäht, Autos werden nur produziert, Filme werden nur gedreht, wenn eine zahlungsfähige Kundschaft die Hoffnung erlaubt, dass diese Waren Käufer finden werden. Aber es wird kein Brot gebacken, kein Haus gebaut und so weiter, wenn diese Hoffnung nicht besteht. Allgemein gilt, abgesehen von allen Bedürfnisfragen, dass produziert wird, womit sich Geld verdienen lässt, und dass nicht produziert wird, was nicht bezahlt werden kann. Die Bedürfnisse der Menschen nach Nahrung, Kleidung, Wohnen, Mobilität, Kultur sind gegenüber der Notwendigkeit des Geldverdienens von untergeordneter Bedeutung, obwohl in den Lehrbüchern der Volkswirtschaftslehre das Gegenteil steht.

So ist in den Köpfen der Menschen die Vorstellung eingeprägt, dass nur Geld die Produktion von Gütern überhaupt möglich macht. Es lohnt sich, an dieser Stelle kurz innezuhalten und sich das praktisch vorzustellen: Brot wird gebacken, Häuser werden gebaut, Filme gedreht und so weiter unter der zwingenden Voraussetzung, dass zwischen der Herstellung und dem Konsum dieser Waren Geldscheine und Münzen aus Portemonnaies geklaubt, Scheckformulare ausgefüllt oder auf elektronischem Weg Ziffern auf Bankkonten verändert werden! Ein höchst konkreter Vorgang hängt von einem hochgradig abstrakten ab. Wir können uns nicht einmal vorstellen, dass im gegenwärtigen Wirtschaftssystem Brot gebacken wird, einfach weil jemand seinen Hunger stillen will, dass Häuser gebaut werden, einfach weil Menschen Wohnraum nötig haben, und so weiter. Nein, es ist klar, dass nur produziert wird (konkreter Vorgang), was bezahlbar ist (abstrakter Sachverhalt). Wäre diese Feststellung eine Übertreibung oder eine verzerrte Darstellung der Tatsachen, so müsste es möglich sein, dass Güter produziert werden – und zwar im Normalfall –, weil sie einem menschlichen Bedürfnis entsprechen und nicht weil auf dem Markt eine Nachfrage dafür besteht. So aber müssen wir feststellen, dass im Kapitalismus die konkrete Güterproduktion eine Nebenwirkung, ein Abfallprodukt des abstrakten Vorgangs des Geldverdienens ist.

Hier drängt sich ein Gedankenexperiment auf: Stellen wir uns vor, aus irgendeinem Grund, auf den die Menschen keinen Einfluss haben, würde plötzlich alles Geld aus der Welt verschwinden. Zum Beispiel könnten Vertreter einer fortgeschrittenen außerirdischen Zivilisation dafür sorgen, dass die Menschen ihren Sinn für den wirtschaftlichen Wert der Dinge von einer Sekunde zur andern verlören. Damit würde allem Geld auf der Erde – Münzen, Banknoten, Wechseln, Schecks, Schuldanerkennungen, Wertpapieren aller Art – seine Tauglichkeit als Mittel zum Kauf und Verkauf genommen. Kauf und Verkauf würden aus unserem Leben vollständig verschwinden. Was wären die Folgen dieses Umsturzes? Die erste zwingende Folge wäre, dass alle schon existierenden Waren auf einmal zu Gütern würden, die nicht mehr auf einem Markt gehandelt werden könnten. Beispielsweise würden plötzlich alle produzierten Lebensmittel allein der Ernährung der Menschen dienen. Man könnte mit ihnen nicht Geschäfte machen und spekulieren. Die zweite unvermeidliche Folge: Die gesamte Warenproduktion würde augenblicklich zusammenbrechen. An ihre Stelle müsste etwas Neues treten: eine Güterproduktion, die auf den Bedürfnissen der Menschen aufbauen könnte und diesen Bedürfnissen dienen müsste.

Versuchen wir, diesen Gedanken noch ein wenig weiterzuspinnen. Riskieren wir die Frage, ob und, wenn ja, wie die Menschen sich in dieser Welt ohne Geld einrichten und ihr Leben neu organisieren könnten. Wäre zum Beispiel eine Güterproduktion und -verteilung ungefähr auf dem technischen Niveau unserer heutigen Welt möglich? Oder wäre eine Gesellschaft ohne Geld und Waren notwendigerweise eine primitive, steinzeitliche? Würde es an Energie und Rohstoffen fehlen, weil kein Geld da wäre? Wären die Menschen auch ohne Aussicht auf Bezahlung fähig zur Herstellung aller Güter, die sie benötigen? Könnten sie sich ohne Geld das nötige Wissen und Können aneignen und bewahren? Könnten die Leute sich gleich gut ausbilden wie heute? Würden sie sich in einer Welt ohne Geld, also ohne Lohnarbeit, vor allem dem *Dolce far niente,* dem Nichtstun hingeben? Und wie stünde es mit all den Tätigkeiten, die heute nicht der Warenproduktion dienen: Kranken- und Altenpflege, Schulunterricht, kulturelle Tätigkeiten und so weiter? Außerdem: Welche Bedeutung, welches Gewicht im gesellschaftlichen Leben bekämen die Aktivitäten, die auch in unserer Warengesellschaft nicht bezahlt werden: Hausarbeit, Familienarbeit, nachbarschaftliche Hilfe zum Beispiel? Klare Antworten auf diese Fragen sind uns nicht möglich. Sie würden auch dem Sinn dieses Gedankenexperiments nicht gerecht. Es soll uns nämlich bloß eine erste Annäherung an die Gedankengänge der Wertkritik erlauben.

Wenn uns die genannte Welt ohne Geld und Waren als absolut fantastisch und wirklichkeitsfremd erscheint, so deshalb, weil in unserer Gesellschaft ein Automatismus wirkt, dem wir sozusagen naturgesetzlichen Charakter zuschreiben, ähnlich dem Charakter der Schwerkraft, die im ganzen Universum wirkt. Dieser Automatismus will, dass wir uns keine Güterproduktion vorstellen können, die nicht Warenproduktion ist, die also grundsätzlich ohne Geld funktionieren könnte. Deswegen müssen wir bei der Herstellung von konkreten Gütern immer den Umweg über das abstrakte Geld nehmen. Geld ist bereits nötig für die Einrichtung der Werkstatt, des Studios oder der Fabrik, die der Produktion dienen sollen. Geld ist auch unentbehrlich, weil das in der Produktion tätige Personal entlohnt werden muss; und Geld müssen wir schließlich vom Verkauf der produzierten Waren erwarten dürfen. Für nichts anderes als ihre spätere Umwandlung in Geld werden sie ja produziert. Wir können also konkreten Reichtum – Marx nennt ihn den *stofflichen Reichtum* – nur produzieren, wenn wir gleichzeitig *abstrakten Reichtum* in Form von Geld schaffen. Warum das so ist, welches die Hintergründe dieses Automatismus sind und ob er sich allenfalls abschaffen ließe, das wird Gegenstand der folgenden Kapitel sein. Halten wir vorläufig bloß fest, dass es diesen Automatismus gibt, ohne dass wir ihn spontan erklären könnten, so wie wir auch die Schwerkraft nicht spontan erklären können.

Eine sichere Erkenntnis aber erlauben uns schon die bisherigen Überlegungen: Angenommen, der Automatismus ließe sich ausschalten, so wäre jedenfalls kein Produktionsvorgang vorstellbar, der materiell nicht genauso gut erfolgen könnte, wie wenn der Automatismus beibehalten wird. Vom Barrel Erdöl bis zum Kontrabass, von der Mistgabel bis zum Magnetresonanztomographen ist keine Ware denkbar, die materiell, technisch nicht genauso perfekt als »bloßes« Gut produziert werden könnte, ohne Umweg über das Geld. Alles, was für uns stofflicher Reichtum ist, könnte es auch in einer Welt ohne abstrakten Reichtum geben. Der Umweg der Produktion über den abstrakten Reichtum ist materiell nicht nötig. Er ist nur nötig, solange der schon mehrfach genannte Automatismus wirkt.

Versuchen wir kurz, uns vorzustellen, was das heißen würde: eine Welt ohne abstrakten Reichtum. In dieser Welt gäbe es keine Bankkonten, keine Wertschriften, keine finanziellen Guthaben und, andererseits, keine Schulden. Alles, was zum abstrakten Reichtum gehört oder ihn ermöglicht, würde in dieser Welt fehlen. Es gäbe keinen Markt, keine Banken, keine Börse, keine Finanzindustrie und keine Währungsschwankungen, weil es keine Währungen gäbe, auch keine Alternativ- oder Lokalwährungen. Spekulation, Werbung, Bilanzen und Bruttoinlandprodukt wären Begriffe aus einer vergangenen Zeit, die in der Gegenwart der geldlosen Welt keinen Sinn mehr hätten. Es gäbe also keine Wirtschaft, weil die Wirtschaft ja auf dem genannten Automatismus aufbaut, der will, dass aller stoffliche Reichtum auf dem Umweg über abstrakten Reichtum produziert wird. Aller Reichtum wäre konkret vorhanden in Form von nützlichen und notwendigen oder auch einfach schönen Dingen, die sich weder kaufen noch verkaufen ließen. Das heißt, dass in einer Welt ohne Geld nicht an den Bedürfnissen der Menschen vorbeiproduziert würde, sondern eben – so ist zu hoffen – gemäß diesen Bedürfnissen.

Was für weitere Folgen das Fehlen des abstrakten Reichtums haben müsste, das könnte der Inhalt eines utopischen Romans sein. Denn eine Welt ohne Geld, wie wir sie uns in unserem Gedankenexperiment vorgestellt haben, ist eine Utopie. Es gibt keine Außerirdischen, die das Geld aus unserer Gesellschaft wegzaubern könnten. Wir Menschen müssen uns wohl oder übel in einer Welt zurechtfinden, in der die Wirtschaft gnadenlos an unseren Bedürfnissen vorbeiproduziert. Allerdings deutet manches darauf hin, dass die Vorstellung nicht weniger utopisch ist, die Welt könne die Entwicklungen der heutigen Wirtschaft noch lange verkraften. Die Zukunftsperspektiven der Warengesellschaft sind aber nicht bloß utopisch, sie sind *dystopisch*. Eine *Dystopie* ist eine in der Zukunft spielende Erzählung mit katastrophalem Ausgang. Genau dies – ein katastrophales Ende – ist für die Warengesellschaft zu befürchten, aus zwei Gründen, einem ökonomischen und einem ökologischen.

Die warenproduzierende Wirtschaft arbeitet unter dem Druck und Ansporn der Konkurrenz. Dies bedeutet, dass sie mit immer weniger Arbeitskräften immer mehr Waren herstellen muss, um sie zu immer günstigeren Preisen auf den Markt zu bringen. Das kann für ein einzelnes Unternehmen durchaus gewinnbringend sein; aber für die Wirtschaft als Ganzes ist es gefährlich. Sie produziert so zwar immer mehr stofflichen Reichtum, aber gleichzeitig ist mit diesem stofflichen Reichtum immer weniger abstrakter Reichtum verbunden, genauer: immer weniger Geld, das mit der Produktion dieses stofflichen Reichtums verdient wird. Das Hauptziel der Wirtschaft, die Schaffung von abstraktem Reichtum in der Warenproduktion, lässt sich offensichtlich immer schwerer erreichen. In dieser kritischen Situation musste sich die Wirtschaft vor einigen Jahrzehnten auf die Möglichkeit verlegen, abstrakten Reichtum nicht mehr vor allem in der Welt der realen Warenproduktion zu schaffen, sondern in der Finanzindustrie. Dies erklärt die explosionsähnliche Entwicklung dieses Teils der Wirtschaft in den letzten vierzig Jahren.

Aber der abstrakte Reichtum, der in der Warenproduktion geschaffen wird, hat gegenüber demjenigen, der in der Finanzindustrie entsteht, einen unschätzbaren Vorteil: Er ist sozusagen verankert in der Realität der menschlichen Arbeit, die in der Produktion geleistet wird. Für den Reichtum hingegen, der in der Finanzindustrie entsteht, gibt es keine solche Verankerung. Die Finanzindustrie ist insgesamt ein Vorgriff auf zukünftige und daher ungewisse Wertschöpfung in der realen Warenproduktion. Und das Geld, das in der Finanzindustrie verdient wird, behält seinen Wert nur, solange die Hoffnung besteht, dass auch es eines Tages eine Verankerung in menschlicher Arbeit wird finden können. Ohne diese zumeist unausgesprochene Hoffnung auf eine zukünftige Verankerung in realer Warenproduktion wäre die Finanzwirtschaft ein leeres Monopoly-Spiel mit wertlosen Spielmarken. Aber die Hoffnung auf zukünftigen realen Wert aufrechtzuerhalten, wird gegenwärtig immer schwieriger. Weil die Finanzindustrie ungleich schneller wächst als die Realwirtschaft, findet sie immer weniger Möglichkeiten, die von ihr geschaffenen »provisorischen« Werte später in menschlicher Lohnarbeit zu verankern. Wenn die Hoffnung auf eine solche Verankerung sich eines Tages als Illusion erweist, wird das für die Gesellschaft unabsehbare Konsequenzen haben. Der in der Finanzindustrie geschaffene abstrakte Reichtum wird dann rasch seinen Wert verlieren. Das hat sich in den letzten Jahrzehnten schon phasenweise gezeigt, wenn sich wiederholt sogenannte Finanzblasen aufblähten und platzten, was jedes Mal immense wirtschaftliche Schäden verursachte. Da diese Blasen immer größer werden, ist letztlich ein globaler Kollaps zu befürchten, der die Weltwirtschaft in den Abgrund reißt. So viel zum ökonomischen Grund, weshalb die Zukunft der Warengesellschaft dystopisch zu werden droht.

Die Tatsache, dass in der Warenproduktion der stoffliche Reichtum rasch zunimmt, im Gegensatz zum abstrakten Reichtum, hat noch eine andere Konsequenz. Der eigentliche Zweck der Warenproduktion liegt ja nicht in der Befriedigung menschlicher Bedürfnisse, sondern in der Schaffung abstrakten Reichtums. Der stoffliche Reichtum ist sozusagen ein Abfallprodukt des abstrakten. Da nun unter dem Druck der Konkurrenz zur Schaffung von gleich viel abstraktem Reichtum immer mehr stofflicher Reichtum produziert werden muss – immer mehr Autos, Flugzeuge, Computer, Handys, Häuser, Kleider, Schiffe, Waffen und so weiter bei gleich bleibendem oder sogar sinkendem Gewinn –, muss die Warenproduktion zunehmend verheerende Auswirkungen auf Umwelt und Klima haben. So viel zum ökologischen Grund, weshalb die Zukunft der Warengesellschaft nur dystopisch sein kann.

Man kann aus diesen Überlegungen einen vorläufigen Schluss ziehen: Wenn die Menschheit nicht die oben skizzierte Utopie einer Gesellschaft ohne Geld zu verwirklichen sucht, wird sie in der Dystopie einer sich selbst zerstörenden Gesellschaft landen. Man kann das auch weniger diplomatisch sagen: Die Menschheit hat die Wahl zwischen zwei Möglichkeiten: Entweder schafft sie das warenproduzierende System namens Kapitalismus ab oder sie schafft sich selbst ab. Gegenwärtig deutet manches darauf hin, dass sie im Begriff ist, die zweite Möglichkeit zu wählen. Aber kann man in diesem Fall von einer Wahl sprechen? Wäre das nicht vielmehr dumpfe Resignation, also eine Wahl, die nicht bewusst getroffen würde? Umso wichtiger ist es, auf die Tatsache hinzuweisen, dass es um eine Wahl geht. Der Weg in die Dystopie ist nicht ein von außen aufgezwungenes Schicksal. Die Menschheit kann wählen. Aber sie hat für die Entscheidung nicht mehr viel Zeit.

In dieser Situation verdient die Botschaft der Wertkritik, zur Kenntnis genommen zu werden: Die tieferen Ursachen der gegenwärtigen Krise seit 2007 liegen weder in der menschlichen Natur noch im unsachgemäßen oder verantwortungslosen Handeln von Führungskräften. Sie liegen in der Unterwerfung der menschlichen Bedürfnisse unter die blinde Dynamik des abstrakten Reichtums. Wir leben in einer Gesellschaft, die ihrer selbst nicht mächtig ist und die nicht weiß, was sie tut. Wie eine Gesellschaft aussehen könnte, die sich von den Diktaten des abstrakten Reichtums befreit hat und die weiß, was sie tut, darüber kann man im Einzelnen nur Mutmaßungen anstellen. Aber es ist klar, dass sie mit den verfügbaren natürlichen und menschlichen Ressourcen sorgfältiger umgehen würde als die heutige Warengesellschaft. Darum darf man auch als selbstverständlich annehmen, dass sie das vollbringen könnte, was die Warengesellschaft seit ihrem Bestehen noch nie geschafft hat: die wichtigen Bedürfnisse aller Menschen – Nahrung, Kleidung, Wohnung, Gesundheit, Mobilität, kulturelles und soziales Leben – zu befriedigen. Der Weg in eine so menschenfreundliche Gesellschaft ist offen, und er führt über die Befreiung der Menschheit von der Herrschaft des abstrakten Reichtums.

Gleichzeitig muss man feststellen, dass sich der Verwirklichung dieser humanen Gesellschaft ein gewaltiges Hindernis in den Weg stellt: Es ist das schier unbegrenzte Gewaltpotenzial des warenproduzierenden Systems. Die Logik heißt: Lieber Krieg, lieber die Klimakatastrophe, lieber Umweltzerstörung, lieber den totalen Überwachungs- und Polizeistaat, lieber zerstörerisches Wachstum, lieber die Ausgrenzung und Entsorgung von Milliarden Menschen als eine Abschaffung des Systems. Dieser Logik stellt die Wertkritik seit den Achtzigerjahren in Büchern und Zeitschriften und auf verschiedenen Internetplattformen ihre Analyse der Warengesellschaft gegenüber. Diese Analyse lässt immer wieder das Gleiche erkennen: Die Forderung, die Warengesellschaft müsse durch eine humanere Gesellschaftsform ersetzt werden, mag realitätsfremd und utopisch anmuten; aber sie es in weit geringerem Maße als die Hoffnung auf eine Beibehaltung und Verbesserung des warenproduzierenden Systems. Dieser Gedanke wird uns in den verschiedenen Kapiteln dieses Buchs oft wieder begegnen.

Die Werttheorie von Karl Marx I: Was tun wir eigentlich, wenn wir arbeiten?

Muss man aus den Überlegungen im vorangehenden Kapitel schließen, das Geld sei der Kern des warenproduzierenden Systems namens Kapitalismus, man müsste folglich zu dessen Überwindung das Geld abschaffen? Das trifft gewiss zu. Es ist aber nur die halbe Wahrheit. Im Zentrum der Warenproduktion steht nämlich die menschliche Arbeit. Ohne Arbeit geht in diesem System absolut nichts. Aber schon drängt sich eine Präzisierung auf: Das menschliche Zusammenleben kann ja ganz allgemein nicht ohne Arbeit funktionieren, Warengesellschaft hin oder her; eine Gesellschaftsform ohne Arbeit wäre nicht denkbar. Und aus der bisherigen Menschheitsgeschichte ist uns denn auch keine solche Gesellschaft bekannt. Aber was das warenproduzierende System von anderen Gesellschaftsformen unterscheidet und was wir im Folgenden unter Arbeit verstehen, ist immer die bezahlte Arbeit im Prozess der Warenproduktion. Es lohnt sich deshalb, das Phänomen der Lohnarbeit ein wenig unter die Lupe zu nehmen, und zwar im Wissen darum, dass das, was im warenproduzierenden System Arbeit heißt, nur einen Teil der menschlichen Tätigkeiten ausmacht, wahrscheinlich weniger als die Hälfte. Welche Bedeutung diese Tatsache für die kapitalistische Gesellschaft hat, das wird in einem späteren Kapitel dargestellt. Halten wir hier vorläufig fest, dass es im Kapitalismus einen von der Lohnarbeit abgespaltenen Bereich der menschlichen Tätigkeiten gibt, die einerseits unbezahlt sind, aber andererseits die Warenproduktion erst möglich machen. Es sind die Tätigkeiten, die herkömmlicherweise den Frauen zugewiesen werden. Dass sie letztlich nicht als Arbeit gelten, wird etwa deutlich, wenn Frauen bisweilen auch heute noch gefragt werden, ob sie »arbeiten oder sich um Haushalt und Kinder kümmern«. Mehr dazu also später.

Was tun wir, wenn wir in der Warenproduktion arbeiten? Der Alltagsverstand sagt es uns: In der Arbeit verbrauchen wir unsere Lebenskraft und schaffen dadurch Reichtum. Alle Arbeit, insofern sie Lohnarbeit in der Warenproduktion ist, schafft Reichtum. Diese Tatsache ist allgemein bekannt und bildet die Grundlage dessen, was wir die Wirtschaft nennen. Weniger bekannt ist ein weiterführender Gedanke, den Karl Marx entwickelt hat: Ein ähnlicher Unterschied wie derjenige zwischen stofflichem und abstraktem Reichtum findet sich auch in der Arbeit wieder. Immer wenn wir in Lohnarbeit Waren produzieren, tun wir nämlich gleichzeitig zwei vollständig verschiedene Dinge: Wir schaffen einerseits stofflichen Reichtum und andererseits abstrakten Reichtum.

Die eine Seite der Arbeit, die an der Schaffung von stofflichem

Reichtum beteiligt ist, ist in ihrem Charakter unverwechselbar. Es ist die konkrete Seite der Lohnarbeit. Man nennt sie auch einfach konkrete Arbeit. Sie ist an ein Know-how gebunden und bedeutet, dass unsere Arbeit nicht von irgendjemandem übernommen werden könnte. Man kann einen Arbeiter in einer Automobilfabrik nicht kurzfristig, ohne Umschulung, durch eine Textilarbeiterin ersetzen, diese nicht durch eine Angestellte der Pharmaindustrie, diese wiederum nicht durch einen Bäcker und so weiter. Die andere Seite der Arbeit ist an der Schaffung von abstraktem Reichtum beteiligt. Wir verdienen in der Lohnarbeit Geld und wir ermöglichen es unserem Unternehmen, dank unserer Arbeit Geld zu verdienen. Und in dieser Beziehung sind wir als Arbeitende absolut austauschbar. Die Frage, ob Geld mit der Produktion von Lebensmitteln, im Häuserbau oder mit der Herstellung von Waffen verdient wird, ist für das Ergebnis nicht wichtig. Kein besonderes Know-how spielt da eine Rolle. Wir verbrauchen im Produktionsprozess unsere Lebenskraft, genauer: unsere Arbeitskraft, und wir schaffen so abstrakten Reichtum. Das ist die abstrakte Seite der menschlichen Arbeit. Oft ist auch einfach von abstrakter Arbeit die Rede. Damit ist also nicht etwa Arbeit an einem abstrakten Gegenstand gemeint, zum Beispiel Bildungsarbeit, Medienarbeit und so weiter, sondern eben die Seite jeder Lohnarbeit, die zur Schaffung von abstraktem Reichtum führt.

Wir sind bisher schon zweimal auf eine merkwürdige Doppelgesichtigkeit der Warengesellschaft gestoßen: Arbeit ist gleichzeitig konkret und abstrakt. Und der Reichtum, der durch menschliche Arbeit geschaffen wird, ist ebenfalls konkret – Marx sagt: stofflich – und abstrakt. Wir wissen außerdem, dass in der warenproduzierenden Gesellschaft der abstrakte Reichtum Vorrang vor dem stofflichen hat. Was wir an stofflichem Reichtum im Produktionsprozess herstellen, ist weniger wichtig, als dass wir abstrakten Reichtum schaffen. Der abstrakte Reichtum ist für das Funktionieren des Systems absolut unverzichtbar. Die konkrete Gestalt dieses Reichtums spielt eine zweitrangige Rolle. Darum hat auch die abstrakte Arbeit Vorrang vor der konkreten. Und dieser Doppelcharakter von Arbeit und Reichtum findet sich ein drittes Mal wieder in dem, was wir mit unserer Arbeit produzieren: in der Ware, das heißt in ihrem Wert.

Die Ware, sobald sie nicht ein »bloßes« Gut ist, sondern eben eine Ware, die auf dem Markt gehandelt werden kann, hat nämlich zwei verschiedene Arten von Wert: Einerseits hat sie einen Gebrauchswert. Er zeigt sich zum Beispiel in der Nützlichkeit oder in der Schönheit der Ware. Die Ware dient dem Käufer in irgendeiner Weise zur Befriedigung seiner Bedürfnisse. Aber andererseits hat sie einen Wert, der sich nicht in ihrer Dienlichkeit zeigt, sondern im Geld, das man ausgeben muss, um sie zu erwerben. Dieser Wert ist eine Eigenschaft der Ware, die mit ihrer Nützlichkeit oder Schönheit nichts zu tun hat. Man kann mit der Produktion und dem Verkauf von Lebensmitteln ebenso Geld verdienen wie zum Beispiel mit der Produktion und dem Verkauf von Waffen. Marx nennt diesen abstrakten Wert der Waren kurz den Wert, ohne jeden Zusatz. Der Wert der Waren hat dieses Besondere an sich, dass er nie unmittelbar erscheint. Er erscheint oder zeigt sich im Tauschwert der Ware auf dem Markt, im Geld, das im Kaufakt vom Käufer zum Verkäufer übergeht, während die Ware umgekehrt vom Verkäufer zum Käufer wechselt. Der Wert ist aber nie direkt greifbar oder sichtbar.

Die Ware hat also wie der Reichtum und die Arbeit ein konkretes und ein abstraktes Gesicht. Und auch für sie gilt, dass die abstrakte und die konkrete Seite untrennbar miteinander verbunden sind, dass aber die abstrakte Seite Vorrang vor der konkreten hat. *Dass* wir mit der Warenproduktion Geld verdienen, dass wir also Wert schaffen, ist wichtiger, als *womit* wir das tun, also welche Gebrauchswerte wir herstellen. Der Wert ist der Kern des warenproduzierenden Systems namens Kapitalismus. Der Wertbegriff steht deshalb im Zentrum des Werks von Karl Marx und im Zentrum der Wertkritik. Gleichzeitig gibt er Anlass zu zahllosen Interpretationsversuchen und nicht endenden Diskussionen und Streitereien innerhalb und außerhalb des Marxismus. Der französische marxistische Philosoph Louis Althusser (1918–1990) zum Beispiel hätte seinen

Studierenden am liebsten verboten, *Das Kapital* von Karl Marx so zu lesen, wie es der Autor selbst vorgesehen hatte, nämlich beginnend mit dem Anfangskapitel, das seine Werttheorie darstellt. Althusser war der Meinung, wer mit dem ersten Kapitel – eben der Werttheorie – beginne, müsse zwangsläufig in Verständnisschwierigkeiten geraten (vgl. Althusser et al. 2015: 678f.). Und auch die Zeitgenossen von Marx hätten sich offenbar einen leichter verständlichen Anfang seines Hauptwerks gewünscht. Marx hat jedoch unwirsch auf die Forderung nach einem Beweis des Wertbegriffs reagiert. In einem Brief hat er einem Kritiker, der diesen Wunsch äußerte, »vollständigste Unwissenheit« vorgeworfen (vgl. MEW 32: 552).

Aber lassen wir uns weder durch Althussers Rat noch durch die Verstimmung von Marx vom Versuch abbringen, den Wertbegriff genauer zu verstehen. Der Schlüssel zu einem besseren Verständnis liegt in einer Eigenheit des Kapitalismus, die alle kennen, von der aber selbst Kapitalismuskritiker nur selten sprechen: Der Kapitalismus ist nicht ein »Rezept«, eine Methode oder Art des Wirtschaftens, die man bei Bedarf durch eine andere ersetzen könnte, etwa so wie man ein Auto einer bestimmten Marke bei Bedarf durch ein Modell einer anderen Marke ersetzt. Der Kapitalismus, das warenproduzierende System, das die Welt regiert, ist ein alles umfassendes, sich ständig veränderndes und entwickelndes gesellschaftliches Ganzes, das sich in einem zwanghaften Prozess entlang der Zeitachse von der Vergangenheit über die Gegenwart auf die Zukunft hinbewegt. Dieser zwanghafte Prozess heißt Wachstum. Eine Rückkehr zu einem früheren Zustand dieses gesellschaftlichen Ganzen ist nicht möglich, weil dies einen katastrophalen Bruch im zwanghaften Wachstumsprozess bedeuten würde. Deshalb kann eine gesellschaftliche Befreiung nicht als ein Zurück zu früheren Zuständen des Systems gedacht werden, sondern nur als kollektiver Ausstieg aus dem System. Das hat Folgen für den antikapitalistischen Widerstand. Zum Beispiel beruht die Forderung vieler Wachstumskritiker nach einer Rückkehr zu einer weniger produktiven Wirtschaft auf einer Illusion, eben weil es innerhalb des Systems kein Zurück geben kann. Im Kapitel »Im

Kapitalismus gibt es kein Zurück« wird davon ausführlicher die Rede sein.

Aber mit der Feststellung, dass dem Kapitalismus ein absoluter Wachstumszwang innewohnt, sind wir noch nicht bis ins Innerste des Systems vorgestoßen. Dieses System funktioniert aufgrund der Tatsache, dass der Wert seinerseits prozesshaften Charakter hat: Er muss sich vermehren. Das ist der Sinn der kapitalistischen Warenproduktion: dass nach Produktion und Verkauf der Ware mehr Geld, das heißt mehr Wert, da ist als vorher. Marx spricht in diesem Zusammenhang von der Verwertung des Werts. Viele Leute halten Reichtum an sich für »typisch kapitalistisch« und vergessen dabei, dass es auch vor dem Kapitalismus reiche Menschen gegeben hat. Kapitalisten waren diese Menschen deswegen noch lange nicht. Man kann Reichtum ja auch als Schatz horten, aufbewahren, genießen oder verschleudern. Dieser Gebrauch des Reichtums ist gerade nicht kapitalistisch. Die Basis des Kapitalismus ist der Wert, der sich in der Warenproduktion vermehren muss. Er ist der Kern des wachstumsgetriebenen warenproduzierenden Systems.

Die Werttheorie von Karl Marx II: Der Mehrwert als Motor der Wirtschaft

So gelangen wir zur Frage, auf welche Weise der Wert sich konkret vermehrt. Die Antwort lautet: Durch Arbeit, und nur durch Arbeit, abstrakte menschliche Arbeit. Hier müssen wir kurz innehalten. Drei Einwände stellen sich nämlich dieser These von der menschlichen Arbeit als einziger Quelle des Werts entgegen. Erstens der Gedanke, dass Rohstoffe, insbesondere seltene Rohstoffe, die uns von der Natur geschenkt werden, schon natürlicherweise einen Wert haben. Zweitens die von der Volkswirtschaftslehre vertretene Auffassung, es gebe nicht einen, sondern mindestens zwei Produktionsfaktoren: Arbeit und Kapital. Drittens die Feststellung, dass wir uns gegenwärtig mit großer Geschwindigkeit auf den Zeitpunkt hinbewegen, wo Maschinen, Roboter und Automaten die arbeitenden Menschen in der Warenproduktion ersetzen werden. Wenn man aber die menschliche Arbeit aus der Produktion eliminieren kann, wie lässt sich dann die These von der Arbeit als einziger Wertquelle aufrechterhalten? Diese drei Einwände sind für unseren Gedankengang nützlich, weil sie die marxsche Werttheorie nicht entkräften, sondern uns im Gegenteil ein besseres Verständnis dieser Theorie ermöglichen.

Dem ersten Einwand, wonach Rohstoffe unabhängig von menschlicher Arbeit einen Wert haben, kann man mit einer simplen Überlegung begegnen: Rohstoffe gewinnen für uns ihren Wert als Rohstoffe ja erst durch die Tatsache, dass sie der Natur abgerungen werden; und das geschieht durch menschliche Arbeit. Ohne Arbeit würden sie als Rohstoffe gar nicht existieren. Sie wären dann nicht Rohstoffe, sondern einfach Materie in der Erdkruste, im tropischen Regenwald oder im Meer.

Den zweiten Einwand, wonach neben der Arbeit zumindest noch der Produktionsfaktor Kapital eine entscheidende Rolle spielt, kann man folgendermaßen klären: Die Lehre von den verschiedenen Produktionsfaktoren unterscheidet nicht zwischen Produktionsmittel und Produzent. Die Produktionsmittel sind zwar bei der Bildung von Wert unentbehrlich. Aber Wert *schaffend* ist nur der Produzent, das heißt der arbeitende Mensch.[3]

Damit ist auch die Antwort auf den dritten Einwand im Wesentlichen schon gegeben, wonach Maschinen, Automaten und Roboter die menschliche Arbeitskraft beim Schaffen von Wert zunehmend ersetzen werden. Maschinen, Automaten und Roboter sind nämlich ebenfalls Produktionsmittel. Produktionsmittel schaffen selber keinen Wert. Sie geben nur einen Teil ihres eigenen Werts an das Produkt weiter, und zwar den Teil,

3 Diesen Sachverhalt hat der heute praktisch vergessene Ökonom Otto Conrad (1876–1943) in amüsanter Form dargestellt: »Ohne Violine kann man nicht geigen. Wer würde daraus schließen wollen, dass nicht nur der Geiger, sondern auch die Geige geigt, dass beide gemeinsam Violine spielen? Gewiss niemand. Die Violine ist eben Musik*instrument* und nicht *Musikant*, ganz ebenso wie Kapital und Boden Produktions*mittel* und nicht *Produzenten* sind.« (Conrad 1934: 5 [Herv. i. O.])

den sie selbst im Produktionsprozess durch Verschleiß und Abnutzung verlieren. Ein Produktionsmittel, das sich schnell abnutzt und deshalb schnell ersetzt werden muss, verliert mehr Wert als eines, das sich langsam abnutzt. Aber der Wert, den das Produktionsmittel verliert, geht in jedem Fall in die produzierte Ware über. Man muss die Ware ja später, um keinen Verlust zu machen, um den Wertteil teurer verkaufen, den das Produktionsmittel durch die Abnutzung verliert. Obwohl die Produktionsmittel sich abnutzen und immer wieder ersetzt werden müssen, bleibt so der Wert erhalten, den sie in den Produktionsprozess »mitbringen«. Dabei handelt es sich also nicht um Wertvermehrung, sondern um Werterhaltung. Das gilt auch für Maschinen, Automaten und Roboter. Dass sich mit ihnen kein Wert schaffen lässt, ist nicht einfach eine theoretische Behauptung. Es ist eine Tatsache, die sich in unserer Alltagserfahrung zeigt: Die Waren, die mit immer weniger menschlicher Arbeit, aber mit immer mehr Einsatz von Maschinen und Robotern hergestellt werden, werden allmählich immer billiger. Der Wert der Waren lässt sich zwar nie unmittelbar dingfest machen; aber da er sich im Geld zeigt, das mit ihrer Produktion und ihrem Verkauf verdient werden kann, und da die Waren mit der fortschreitenden Automatisierung und Robotisierung der Produktion immer billiger werden, dürfen wir schließen, dass ihr Wert abnimmt. Mit marxschen Begriffen ausgedrückt: Dem in der Warenproduktion hergestellten stofflichen Reichtum entspricht immer weniger abstrakter Reichtum. Das geschieht gegenwärtig weltweit im großen Maßstab und zeigt eine folgenschwere Entwicklung an: Das Schaffen von Wert durch menschliche Arbeit wird immer schwieriger. Die Arbeit wird ja immer stärker aus den Produktionsprozessen eliminiert. Die dadurch verursachte Massenarbeitslosigkeit ist nur eine der katastrophalen Folgen dieser Entwicklung. Eine weitere Folge ist das seit den Siebzigerjahren explosive Anwachsen der Finanzindustrie. Es hat seinen Ursprung nicht in der »Gier« besonders skrupelloser Kapitalisten, sondern in der Tatsache, dass sich in der Realwirtschaft wegen der fortschreitenden Automatisierung der Produktion immer weniger

Wert schaffen lässt, dass also Wachstum in der Warenproduktion immer schwieriger wird. In der zunehmend automatisierten Warenproduktion wird zwar immer mehr stofflicher Reichtum geschaffen, aber gleichzeitig immer weniger abstrakter Reichtum, das heißt Wert. Da aber das Schaffen und die Vermehrung von Wert im Kapitalismus immer Vorrang hat vor der Herstellung von Gebrauchswerten, also von stofflichem Reichtum, müssen wir folgenden Schluss ziehen: Zwar könnte die voll automatisierte Warenproduktion, praktisch ohne menschliche Arbeit, die Menschheit wahrscheinlich mit allen erforderlichen Gütern versorgen. Aber sollte sie jemals Wirklichkeit werden, wäre sie mit Sicherheit keine kapitalistische Warenproduktion mehr, weil in ihr keine Herstellung von Wert mehr möglich wäre.

Wir dürfen aufgrund dieser Überlegungen den vorläufigen Schluss ziehen, dass es in der Tat keine andere Quelle von Wert gibt als die menschliche Arbeitskraft. Aber wie muss man sich nun die Vermehrung des Werts in der Warenproduktion vorstellen? Marx beantwortet diese Frage mit einer bestechenden Überlegung: Wir wissen alle, dass die menschliche Arbeitskraft selbst eine Ware ist. Sie wird von den Unternehmern auf dem Arbeitsmarkt für eine bestimmte Dauer gekauft, genau gleich wie alle anderen Waren, die zur Warenproduktion benötigt werden: Rohstoffe, Energie, Vorprodukte, Maschinen und so weiter. Der springende Punkt ist nun der, dass die Ware Arbeitskraft im Unterschied zu allen Produktionsmitteln im Produktionsprozess mehr Wert schaffen kann, als sie selbst wert ist. Anders gesagt: Die Gesamtheit der Waren, die dank des Einsatzes von menschlicher Arbeitskraft produziert werden, ist beim anschließenden Verkauf auf dem Markt wertvoller – man könnte auch sagen: teurer – als die Gesamtheit der Waren, die der Unternehmer vor dem Produktionsprozess einkaufen muss: Rohstoffe, Energie, Vorprodukte und Arbeitskraft. Und diese Wertdifferenz zwischen der Gesamtheit der Waren vor dem Produktionsprozess und der Gesamtheit der Waren nach dem Produktionsprozess ist allein dem Einsatz menschlicher Arbeitskraft zu verdanken. Diese gibt, im Unterschied zu allen

Produktionsmitteln, nicht nur den Wertteil ans Produkt weiter, den sie durch »Verschleiß« verliert, sondern mehr als diesen Wertteil. Marx nennt diese Differenz den Mehrwert. Der Mehrwert erlaubt es dem Unternehmer, nach dem Verkauf der Waren in der folgenden Phase auf breiterer Basis zu produzieren. Er hat ja jetzt mehr Geld zur Verfügung als vor dem Produktionsprozess. Allerdings hätte er nun grundsätzlich die Wahl, dieses Mehr an Geld entweder für seinen Lebensgenuss auszugeben oder es in die Fortsetzung der Warenproduktion zu investieren. Aber wenn sein Unternehmen weiter bestehen soll, muss er sich in der Konkurrenz, die ihm der Wettbewerb aufzwingt, zumindest teilweise für die Investition in die Produktion entscheiden. Andernfalls würde er rasch vom Markt verschwinden. Sein Geld wäre dann nicht mehr Kapital, sondern einfach Vermögen, das er allmählich aufzehren würde. Er selbst wäre dann kein Kapitalist mehr, sondern einfach ein mehr oder weniger reicher Mensch, der von seinem Vermögen lebt. Ein Kapitalist ist ein Mensch, der aus seinem Geld mehr Geld machen muss. Wenn er das nicht tun kann oder will, verschwindet er aus dem, was wir die Wirtschaft nennen.

Der Begriff des Mehrwerts führt uns zur Frage, ob man den Wert messen kann und, wenn ja, wie. Worin besteht das Mehr, das dem Mehrwert innewohnt? Wie kommt es zustande? Auch hier hilft uns der Alltagsverstand. Das Maß, das den Wert der Waren bestimmt, ist die Arbeitszeit, die zu ihrer Herstellung nötig ist. Das Wort »nötig« ist entscheidend. Denn unter den sehr verschieden schnell arbeitenden Menschen verleihen nicht diejenigen den hergestellten Waren den größten Wert, die am langsamsten arbeiten und folglich der Produktion der Waren am meisten Arbeitszeit widmen. Es geht um einen Durchschnitt, und zwar in der globalisierten Wirtschaft um einen globalen Durchschnitt. Der Wert der Waren wird durch die durchschnittlich notwendige Arbeitszeit bestimmt, die zu ihrer Herstellung nötig ist. Diese Tatsache hat zwei gravierende Folgen: Erstens führt die immer effizientere technisch-industrielle Produktion in den stark entwickelten Ländern nicht, wie man glauben möchte, zu immer mehr Wertschöpfung. Wenn eine

Maschine in der Hemdenproduktion es möglich macht, dass pro Arbeitsstunde dreißig Hemden produziert werden statt, wie vorher ohne Maschine, ein einziges, dann sinkt der Wert jedes produzierten Hemds auf einen Dreißigstel, oder etwas mehr als einen Dreißigstel, wenn man die Anschaffungskosten für die Maschine einberechnet. Das lässt verstehen, warum die Konsumwelt gegenwärtig durch Billigwaren zugemüllt wird. Und zweitens erhellt der globale durchschnittliche Wert der Arbeitsstunde das Phänomen der »Billiglohnländer«. Das sind Länder, die der globalen Konkurrenz der maschinellen Produktion mit dem massenweisen Einsatz von schlecht bezahlten Arbeitskräften begegnen müssen. Nicht eine Arbeiterin stellt dort mit einer Maschine dreißig Hemden pro Stunde her, sondern dreißig unterbezahlte Arbeitskräfte stellen ohne Maschine je ein Hemd her. Ihr Lohn muss damit ungefähr einem Dreißigstel des Lohns entsprechen, den eine Arbeiterin an der Maschine erhält.

Der Mehrwert ist also der Motor der Wirtschaft. Und er ist gleichzeitig der Zankapfel am Ursprung aller Arbeitskämpfe seit dem neunzehnten Jahrhundert. Die Arbeitenden und Angestellten sehen ihn zu Recht als den Teil des Werts an, der ohne sie nicht geschaffen werden könnte und der somit eigentlich ihnen gehört. Die Unternehmen ihrerseits argumentieren, dass die eingekaufte Arbeitskraft während der gegenseitig vereinbarten Arbeitszeit ihnen gehört und dass sie deshalb frei sind, diese Arbeitskraft in ihrem Interesse zu nutzen. Die Ungleichheit zwischen den beiden scheinbar gleichberechtigten Standpunkten ist dadurch gegeben, dass die unbezahlte, Mehrwert schaffende Arbeit gewissermaßen »Zwangsarbeit« (Marx) ist. Der arbeitende, Mehrwert schaffende Mensch kann nicht wählen, ob er dem Unternehmen einen Teil seiner Arbeit schenken will oder nicht. Er muss es tun. Seine Arbeit ist in der Warenproduktion nur dann sinnvoll, wenn er durch unbezahlte Arbeit Mehrwert schafft. Das wissen beide, sowohl der arbeitende Mensch als auch das Unternehmen, das ihn anstellt. Und beide wissen, dass die Warenproduktion nur so lange überhaupt funktionieren kann, wie der Mehrwert dem arbeitenden Personal nicht ausbezahlt wird. Wäre dies der Fall, würde nämlich die Warenproduktion ihren Sinn verlieren, der bekanntlich nicht primär in der Befriedigung menschlicher Bedürfnisse besteht, sondern in der Wertvermehrung. Die Warenproduktion würde dann in sich zusammenfallen. Solange die Güterproduktion größtenteils Warenproduktion ist, lässt sich der Konflikt nicht aus dem Weg räumen. Er ist eben durch das warenproduzierende System bedingt. Die Arbeitenden sehen im Mehrwert ihren wichtigsten Kampfbegriff. Die Unternehmer fürchten das Konfliktpotenzial, das er birgt, und möchten den Begriff am liebsten loswerden. Dennoch bleibt der Konflikt bestehen: Ist der Mehrwert hoch, fordern die Arbeitenden zu Recht ihren Anteil am Kuchen, den sie gebacken haben, notfalls indem sie streiken. Ist der Mehrwert tief, drohen Entlassungen und Fabrikschließungen.

Die Bombe im Gepäck des Ethnologen K. M.: Wirtschaft als Fetischismus

Mag auch die marxsche Werttheorie, wie sie im vorigen Kapitel dargestellt wurde, nachvollziehbar sein, wir kommen nicht um die Frage herum, ob sie letztlich stimmt oder nicht. Halten wir also einen Augenblick inne und schauen wir uns die beiden vorangehenden Kapitel nochmals an: Wie bitte? Die einzige Wertquelle soll die menschliche Arbeit sein? Dem Wert, den wir nie unmittelbar zu sehen bekommen, soll ein Zwang zum Mehr innewohnen? Maschinen sollen in der Warenproduktion nicht eine Wertvermehrung, sondern im Gegenteil eine Wertverminderung bewirken? Lauter Fragen, auf die sich glücklicherweise im Werk von Karl Marx eine klare, wenn auch sehr überraschende Antwort findet, trotz seiner Weigerung, zu diesem Thema zusätzliche Erklärungen abzugeben. Obwohl er es selbst nie so formuliert hat, kann man nämlich seinem Werk Folgendes entnehmen: Seine Werttheorie stimmt »letztlich« nicht! Besser: Sie stimmt nur in einem bestimmten Bezugssystem und verliert ihre Gültigkeit, wenn wir dieses Bezugssystem verlassen. Das Bezugssystem heißt Kapitalismus. Wenn man die Werttheorie von Marx als Teil eines Werks liest, das das Wesen des Kapitalismus »von innen her« beschreibt, dann muss man sagen, dass sie stimmt. Es gibt keine bessere Erklärung für das Funktionieren der Wirtschaft als die Erklärung durch den sich selbst vermehrenden Wert im Zentrum dieses Systems.

Nun hat Marx aber nicht eine bloße Beschreibung des Kapitalismus geschrieben, sondern darüber hinaus, wie im Untertitel seines Hauptwerks angekündigt, eine Kritik dieses Systems. Und das konnte er nur tun, indem er einen Standpunkt außerhalb des Systems einnahm. Marx hat immer wieder das Bezugssystem verlassen, innerhalb dessen seine Werttheorie stimmt, und ist anschließend wieder zum ursprünglichen Standpunkt zurückgekehrt. Wenn man ihm in diesem häufigen Perspektivenwechsel folgt, muss man, wie Marx selbst, zum Schluss kommen, dass seine Werttheorie nicht eins zu eins stimmen kann, dass sie zwar innerhalb des kapitalistischen Systems gültig ist, aber von außen besehen keinen Sinn hat. Um diesen Widerspruch aufzulösen, hat Marx einen Begriff eingeführt, der wie der Wertbegriff endlose Diskussionen zur Folge hatte, der sich aber bei genauer Lektüre durchaus verstehen lässt. Es ist der Begriff des Fetischs. Marx zufolge ist die Ware ein Fetisch. Dass der Warenwert im Kapitalismus gleichzeitig unsichtbar und von absolut vorrangiger Bedeutung ist und dass er sich zwanghaft vermehren muss, das kann man nur verstehen, wenn man die Ware als Fetisch und den Kapitalismus als ein fetischistisches System begreift.

Ein Fetisch ist ein Gegenstand, dem die Menschen, die an ihn glauben, eine übernatürliche Kraft zuschreiben. Indem Marx die Ware als Fetisch bezeichnet, nimmt er die Perspektive eines Ethnologen ein, der eine ihm fremde Zivilisation untersucht und dabei auf eine Grundtatsache stößt, die die Angehörigen der von außen betrachteten Zivilisation anders wahrnehmen als er selbst. Die Zivilisation, die der »Ethnologe« Marx studiert, ist die kapitalistische Gesellschaft. Die Grundtatsache, auf die er dabei stößt, ist der Fetischcharakter der Ware. Als »Ethnologe« weiß er, dass ein Fetisch seine Macht von den Menschen erhält, die an ihn glauben. Er weiß aber auch, dass die Macht des

Fetischs von den Angehörigen der untersuchten Zivilisation immer als eine von außen wirkende Macht erlebt wird, obwohl sie selbst es sind, die dem Fetisch seine Macht verleihen. Für die Menschen im Kapitalismus steckt in den Waren ein Stück »tote Arbeit«, ein Wert, den man nicht hinterfragen kann und der sich im Geld zeigt, das man mit dieser Ware verdient. Die in der Ware steckende Arbeit, die ihren Wert ausmacht und schließlich zu Geld wird, hat die Menschen im Kapitalismus »im Griff«, ganz so wie die Macht eines Fetischs die Menschen eines Naturvolks beherrscht. Aber der »Ethnologe« Marx, der den Kapitalismus studiert, weiß natürlich, dass die Macht des Warenfetischs ihren Ursprung in den Köpfen der von ihm beherrschten Menschen hat.

Das hat weitreichende Konsequenzen. Man muss daraus nämlich schließen, dass Güter im Kapitalismus nur aufgrund dieses allgegenwärtigen Fetischismus zu Waren werden, die einerseits einen Gebrauchswert und andererseits einen Wert haben. Wer könnte denn allen Ernstes glauben, im Tisch, an dem ich sitze, im Buch, das ich lese, im Stück Brot, das ich esse, »stecke« menschliche Arbeit! Keine noch so genaue chemische oder physikalische Analyse könnte auch nur ein Atom menschlicher Arbeit, also ein Wertatom, darin nachweisen. Lebendige Arbeit ist ein sich in der Zeit abspielender lebendiger Vorgang mit einem Anfang, einer bestimmten Dauer und einem Ende, der niemals zu irgendeiner Gegenständlichkeit gerinnen kann. Tote Arbeit gibt es nicht. Der Wert der Ware ist also eine fetischistische Projektion. Wenn wir diesen Gedanken weiterführen, stellt sich der Wachstumszwang der kapitalistischen Wirtschaft als das heraus, was wir im Alltag immer wieder feststellen, zumeist ohne es so klar benennen zu können: Der Wachstumszwang, der alles, was sich ihm in den Weg stellt, zu zerstören droht, beruht auf einer fetischistischen Projektion. Marx spricht in seinem Werk nicht nur vom Warenfetisch, sondern im Laufe seiner Beschreibung des kapitalistischen Systems auch vom Geld- und vom Kapitalfetisch. Er bringt damit zum Ausdruck, dass das ganze kapitalistische System, das von Ökonomen oft als naturgegeben und dem menschlichen

Wesen besonders gut entsprechend dargestellt wird, in seiner Grundstruktur eine unüberbietbare Verrücktheit ist.

Es gehört zum fetischistischen Charakter der kapitalistischen Gesellschaft, dass der sich selbst vermehrende Wert ein unheimliches Eigenleben führt. Marx vergleicht ihn mit einem Subjekt, das die Menschen beherrscht. Marx wusste natürlich, dass der Wert keine Person ist; aber er hat beobachtet, dass der Wert die Welt einerseits wie eine mit unbeschränkter Macht ausgestattete Person regiert und andererseits einem blindwütig agierenden, willenlosen Automaten gleicht. Er nannte ihn deshalb ein »automatisches Subjekt«. Das automatische Subjekt zwingt die Menschen dazu, die Schaffung des stofflichen Reichtums der Schaffung des abstrakten Reichtums unterzuordnen. Dieses Subjekt ist nicht etwa eine machtbesessene Institution. Es ist etwas Selbstverständliches, eine Grundvoraussetzung unseres Denkens und Handelns. Es hat kein Gesicht. Es nimmt in konkreten Situationen zumeist die Gestalt eines Sachzwangs an. Was in der kapitalistischen Gesellschaft, Wirtschaft und Politik als Sachzwang erscheint, ist in vielen Fällen auf die Herrschaft des Werts zurückzuführen. Das heißt ganz praktisch: Sogenannte Sachzwänge sind in der Regel menschengemacht, genau wie die Macht eines Fetischs. Aber da Sachzwänge zumeist, genau wie die Macht des Fetischs, nicht als menschengemacht erkannt und durchschaut werden, machen sie alle Bemühungen und Bestrebungen zunichte, die sich ihnen entgegenstellen. Es sind eben Sachzwänge. Sie greifen unbarmherzig in unser Leben und Zusammenleben ein und setzen sich im Dienste des Warenfetischs durch. Wenn Schicksale und Menschenleben von Finanzierbarkeits- und Arbeitsplatzfragen, von Marktgesetzen und Börsenkursen abhängen, dann zeigt sich darin die Allmacht des Warenfetischs.

Wer ist verrückt, der Kritiker oder das kritisierte System?

Die marxsche Arbeitswerttheorie ist unüberbietbar subversiv. Es ist vor allem das Verdienst der Wertkritik, den subversiven Charakter dieser Theorie erkannt und immer wieder betont zu haben. Bis vor etwa vierzig Jahren herrschte nämlich in marxistischen und nichtmarxistischen Kreisen die Meinung vor, die Kategorien Ware, Arbeit, Wert und Geld, die der Wirtschaft zugrunde liegen, seien von Marx nicht kritisch, sondern positiv gemeint gewesen. Diese Grundkategorien galten – und gelten immer noch – als das stabile, nicht erschütterbare Fundament, auf welchem die Wirtschaft – in welcher Ausprägung auch immer – aufbaut, ein Fundament, das man so wenig infrage stellen muss wie den Erdboden, der allen menschlichen Aktivitäten als Grundlage dient. Insbesondere der traditionelle Marxismus konnte in der marxschen Werttheorie nur etwas Positives sehen. Sie bildete den Marxisten zufolge die Grundlage allen Wirtschaftens, des kapitalistischen so gut wie des sozialistischen.

Wenn nun seit einigen Jahrzehnten die marxsche Werttheorie als eine Kritik dieser Kategorien gelesen wird, so kommt dadurch all das ins Wanken, was wir überhaupt unter Wirtschaft verstehen. Marx war offenbar noch viel subversiver, als man sich das bis vor einigen Jahrzehnten vorgestellt hat. Die Erkenntnis, dass die Kategorien Ware, Arbeit, Wert und Geld Fetischcharakter haben, stellt ja nicht nur die »freie Marktwirtschaft« infrage, sondern auch alle Versuche, eine sozialistische Wirtschaft aufzubauen. Diese Erkenntnis hat uns mitten in die Verrücktheit des warenproduzierenden Systems mit allen seinen Varianten hineingeführt. Kein Wunder, dass die marxsche Werttheorie und die darauf aufbauende Wertkritik ihrerseits dem Vorwurf ausgesetzt sind, verrückt zu sein! Eine Theorie, die nicht nur ein bestimmtes Wirtschaftssystem, sondern die Wirtschaft an sich infrage stellt, muss offensichtlich verrückt sein!

Wer ist also letztlich verrückt? Ist es der Kritiker Marx oder das kritisierte System namens Kapitalismus? Einerseits hat die marxsche Werttheorie zahlreiche sich widersprechende Interpretationen zur Folge gehabt und insbesondere bei traditionellen Marxisten immer wieder für Kopfschütteln gesorgt. Aber andererseits ist die Realität des warenproduzierenden Systems mit seinem Wachstumszwang so erschütternd vernunftwidrig und lebensfeindlich, dass die marxsche Diagnose »Unheilbarer Fetischismus« doch sehr überzeugend wirkt. Dieses Kapitel endet deshalb mit der Einladung an die Lesenden, die Frage, wer verrückt sei, erst nach der Lektüre des ganzen Buchs für sich zu beantworten.

Was Smith und Ricardo für natürlich hielten – Werttheorien vor Marx

Karl Marx hat die Arbeitswerttheorie nicht allein geschaffen. Viele Autoren haben diese Theorie während zwei Jahrhunderten allmählich entwickelt. Die bedeutendsten unter ihnen sind Adam Smith (1723–1790) und David Ricardo (1772–1823). Sowohl Smith als auch Ricardo unterscheiden in ihren Werken klar den Gebrauchswert vom Tauschwert der Waren. Und beide bauen auf der grundlegenden Erkenntnis auf, dass Arbeit der einzige wertschaffende Faktor ist. Marx kannte die Werke dieser Klassiker der politischen Ökonomie gut und bezog sich in seiner Arbeit auf sie.

In unserem Zusammenhang ist ein entscheidender Unterschied zwischen der Arbeitswerttheorie der Klassiker einerseits und der marxschen andererseits von Bedeutung: Smith und Ricardo sahen in der Tatsache, dass menschliche Arbeit Wert schafft, eine überhistorische Basis für menschliches Wirtschaften. Das Schaffen von Wert durch Arbeit war nach ihrer Meinung etwas Natürliches, was seit jeher zum Menschsein gehört hatte. Man musste den Wertbegriff deshalb nicht in seinem geschichtlichen Gewordensein untersuchen oder gar hinterfragen. Smith und Ricardo taten etwas, was auch Vertreter der heutigen Wirtschaftswissenschaft dauernd tun: Sie schrieben dem kapitalistischen Wirtschaften eine Zeitlosigkeit zu, die sie von der Aufgabe befreite, sich über das Warum und Woher dieses Wirtschaftens Gedanken zu machen. Sie taten mit ihrem Untersuchungsgegenstand das, was man heute oft mit dem seltsamen Wort *ontologisieren* bezeichnet: Sie stellten ihn als etwas durch alle Zeiten hindurch unverändert Existierendes und zum Menschsein Gehörendes dar. Die menschliche

Arbeit, die Ware, den Wert konnten sie voraussetzungslos als »schon immer dagewesen« und keiner näheren Untersuchung bedürfend ansehen, genauso wie das auch heutige Ökonomen tun, mit dem Unterschied, dass der Wertbegriff in der heutigen Wirtschaftswissenschaft kaum mehr eine Rolle spielt. Wir kommen darauf zurück.

Karl Marx – das ist der große Unterschied gegenüber Smith und Ricardo – ontologisierte seinen Untersuchungsgegenstand nicht. Er erkannte das geschichtliche Gewordensein der Grundkategorien Ware, Arbeit, Wert und Geld. Und er erkannte ihren Fetischcharakter. Das ist der brisante Kern seiner »Kritik der politischen Ökonomie«. Kein Wunder, dass in unserer Zeit selbst gut informierte und kritisch denkende Menschen nichts davon wissen wollen! Die heute zu beobachtende Ökonomisierung aller Lebensbereiche zum Beispiel basiert letztlich auf dem Warenfetisch. Sie kann nur so lange unbehindert fortgeführt werden, wie auch das fast vollständige Unwissen in diesem Bereich fortdauert. Wer in diesem Unwissen lebt und unser Wirtschafts- und Gesellschaftssystem als allgemein menschlich und naturgegeben ansieht, wo es doch in Wirklichkeit menschengemacht und historisch gewachsen ist, wird diesem System kaum gefährlich werden. Er wird auf der Suche nach Gründen für die ökologische, ökonomische, soziale und politische Katastrophe der Gegenwart zu falschen Schlüssen gelangen. Es müssen dann Dinge wie die »menschliche Gier«, der »angeborene Egoismus«, wenn nicht gar die »Erbsünde« und Ähnliches, als Erklärung für das Chaos herhalten. Mit anderen Worten: Ideologie tritt an die Stelle einer rationalen Analyse.

Entsorgung des Arbeitswertbegriffs durch die Volkswirtschaftslehre

Unser bisheriger Gedankengang hat uns zu den Grundkategorien geführt, auf denen das warenproduzierende System namens Kapitalismus aufbaut. An diesem Punkt sind wir denkbar weit entfernt von der Wirtschaftswissenschaft, wie sie heute an

Schulen und Universitäten unterrichtet wird. Denn volkswirtschaftliches Denken interessiert sich nicht für die theoretische Frage nach den Grundlagen heutigen Wirtschaftens. Es ist vielmehr auf das Ziel ausgerichtet, der tatsächlich praktizierten Wirtschaft eine Rechtfertigung zu verschaffen und die Politik als Helferin bei der Durchsetzung wirtschaftlicher Interessen zu beraten. Das erklärt das Bedürfnis der Volkswirtschaftslehre, sich einen wissenschaftlichen Anstrich zu geben, indem sie mit mathematischen Formeln, Zählungen, Messungen und Statistiken arbeitet wie die »harten« Wissenschaften, die sie sich als Vorbild nimmt.[4] Wegen ihres Anspruchs auf wissenschaftliche Seriosität hat die Volkswirtschaftslehre den Arbeitswertbetriff, der ihr als störend oder esoterisch erschien, im 20. Jahrhundert entsorgt. Anders als ihre Urväter Smith und Ricardo spricht die Wirtschaftswissenschaft jetzt nicht mehr von einem objektiven, durch menschliche Arbeit geschaffenen Wert, sondern vom subjektiven Wert der Waren, der durch deren Nutzen gegeben ist.

Eine Beurteilung dessen, was die marxsche Werttheorie und die Wertkritik für die Interpretation der gegenwärtigen Krise leisten, ist uns jetzt noch nicht möglich. Aber wir können bereits sagen, dass die Wirtschaftswissenschaft zum Verständnis der seit 2007 andauernden Krise nichts Wesentliches beitragen kann, so wenig wie sie einen Ausweg aus der verfahrenen Situation anzugeben wüsste. Das lässt sich täglich beobachten; und die Wertkritik hat dafür eine Erklärung: Die Wirtschaftswissenschaft kann die Krise nicht verstehen, weil ein solches Verständnis, wie wir im nächsten Kapitel sehen werden, nur dann möglich ist, wenn man die Grundkategorien der Warengesellschaft nicht ausblendet. Genau das tut aber die Volkswirtschaftslehre. Sie macht keinen Unterschied zwischen Gütern und Waren; und sie will nichts wissen von einem Wert, der allein durch menschliche Arbeit geschaffen wird. So verbaut

4 Zwei wertkritische Autoren, der Mathematiker Claus Peter Ortlieb und der Physiker Knut Hüller, haben in mehreren Arbeiten gezeigt, dass die Volkswirtschaftslehre ihrem eigenen Anspruch auf Wissenschaftlichkeit nicht gerecht wird (http://www.exit-online.org).

sie sich den Zugang zum Verständnis der gegenwärtigen Krise, die sich zur Katastrophe zu entwickeln droht.

Aber obwohl die Volkswirtschaftslehre den Begriff des Arbeitswerts nicht kennt und nicht kennen will, baut sie absurderweise auf dessen Logik auf. Sie weiß nicht, was sie tut, und kann es aufgrund ihres Begriffskatalogs auch nicht wissen. Sie dient der Rechtfertigung eines Systems, das sich rasend schnell auf seinen wirtschaftlichen, sozialen und ökologischen Kollaps zubewegt. Und selbst für diesen Zusammenhang ist sie blind. Die Ökonomen auf der *Titanic* können den Eisberg nicht sehen, der den Dampfer bedroht. Aber das hindert sie nicht daran, sich gegenseitig fachliche Kompetenz zu bescheinigen und einander mit Ehrendoktorwürden und anderen Auszeichnungen bis hin zum sogenannten Wirtschaftsnobelpreis zu belohnen.

Aus den soeben gemachten Feststellungen lässt sich noch eine andere Erkenntnis gewinnen: Die oft gehörte Behauptung, wer die gegenwärtige Krise verstehen wolle, müsse sich vertiefte wirtschaftliche Kenntnisse aneignen, beruht auf einem schweren Irrtum. Nicht vertiefte Kenntnisse *im Fach* Wirtschaft sind nötig, sondern vertiefte Kenntnisse *über* das Fach Wirtschaft und die dahinter steckende Ideologie. Solange die Volkswirtschaftslehre den Arbeitswertbegriff aus ihrem Denken verbannt, kann sie die Krise weder verstehen noch erklären. Sie kann nur an der Oberfläche des wirtschaftlichen Geschehens Feuerwehr spielen, noch dazu ohne nennenswerte Wirkung, weil sie den Brandherd nicht kennt.

Wird die Welt reicher oder ärmer? Beides!

Die Warengesellschaft steht unter Wachstumszwang und ist für die Menschheit eine tödliche Gefahr. Grund genug, dieses System zu kritisieren und an seiner Abschaffung zu arbeiten. Aber das ist leichter gesagt als getan. Denn eine Alternative zum warenproduzierenden System namens Kapitalismus gibt es bisher nicht. Es wäre ein Missverständnis, im 1989/1991 beerdigten »real existierenden Sozialismus« eine solche Alternative zu sehen. Dieser berief sich bekanntlich auf Ideen von Karl Marx. Es liegt in der Ironie der Geschichte, dass man in der Werttheorie des gleichen Karl Marx den Kern der Erklärung für das Scheitern des Sowjetkommunismus findet.

Der in Osteuropa und später in China und anderen Drittweltländern praktizierte »Sozialismus« wollte und konnte nicht zur Kenntnis nehmen, dass die Produktion der Güter, die die Menschen zum Leben brauchen, also des stofflichen Reichtums, nicht notwendigerweise den Umweg über den abstrakten Reichtum nehmen muss, ja, dass sie diesen Umweg nicht nehmen darf, wenn die Überwindung des Kapitalismus gelingen soll. Er konnte nicht verstehen, dass im zwingenden Durchgang durch dieses Nadelöhr letztlich schon sein Scheitern angelegt war. Das hat historische Gründe. Der Sozialismus im Sowjetreich startete unter schlechten Bedingungen. Nicht ein fortgeschrittenes kapitalistisches System hatte er zu überwinden, sondern ein weitgehend noch feudalistisches. Es ging im russischen und osteuropäischen Staatssozialismus und später in den sozialistischen Staaten der Dritten Welt immer um einen Wettlauf mit der westlichen Marktwirtschaft, wobei diese schon einen uneinholbaren Vorsprung hatte. Der Staatssozialismus musste das leisten, was der wertkritische Autor Robert Kurz eine »nachholende Modernisierung« genannt hat. Diese nachholende Modernisierung baute auf den gleichen Grundkategorien auf wie der westliche Kapitalismus: Ware, Arbeit, Wert, Geld. Aufgrund staatlicher Planung sollte das Schaffen von Wert – eben von abstraktem Reichtum – durch Arbeit schneller und effizienter gestaltet werden als in der westlichen Marktwirtschaft. Diesem einzigen Ziel wurden alle anderen gesellschaftlichen Ziele, vor allem die persönlichen Freiheiten und die Erhaltung der Natur, geopfert. Dennoch hat der Staatssozialismus den Wettlauf mit dem Westen verloren und ist mit dem Vorhaben gescheitert, einen »besseren« Kapitalismus zu schaffen.

Robert Kurz hat 1991 in seinem Werk *Der Kollaps der Modernisierung* (Kurz 1991) gezeigt, dass dieses Scheitern, genau besehen, unvermeidlich war. Im gleichen Werk hat Kurz auch erklärt, warum der Westen sich täuschte, als er dieses Scheitern als Sieg der freien Marktwirtschaft über den marxistischen Sozialismus feierte. Das warenproduzierende System des Westens krankt nämlich nach den Erkenntnissen von Kurz an den gleichen Schwächen wie das sowjetische. Es baut ja auf den gleichen Grundkategorien auf wie dieses. So muss man Robert Kurz zufolge das Scheitern des Sowjetkommunismus als Vorwegnahme des gegenwärtig sich abspielenden Scheiterns des globalen Kapitalismus sehen.

Aber wenn der »real existierende Kapitalismus« zum Scheitern verurteilt ist und die sozialistische Scheinalternative ein Fiasko war, könnte man dann nicht die Schaffung eines besseren, humaneren, demokratischeren, umweltfreundlicheren Kapitalismus ins Auge fassen? Könnte nicht zum Beispiel eine wirklich konsequent rot-grüne Politik den Weg zu einer sozial und ökologisch besseren Gesellschaft ebnen? Aus wertkritischer Sicht ist die Antwort auf diese Fragen ein klares Nein. Aus zwei Gründen, die in diesem Buch schon genannt wurden und die beide ihren Ursprung im Wesen der kapitalistischen Warenproduktion haben. Warenproduktion erfolgt immer im Konkurrenzkampf. Jedes Unternehmen, aber auch jede Volkswirtschaft, muss sich im Wettbewerb behaupten. Alle müssen danach trachten, ihre Produktivität mindestens im gleichen Maße zu steigern wie die Konkurrenz, aber wenn möglich stärker als die Konkurrenz. Produktivität heißt das Verhältnis zwischen dem produzierten stofflichen Reichtum und der für dessen Herstellung notwendigen Arbeitszeit. Wenn die Produktivität steigt, nimmt der stoffliche Reichtum, das heißt die Menge der erzeugten Güter, im Verhältnis zur Arbeitszeit zu, die zu ihrer Herstellung nötig war. Oder umgekehrt: Die zur Produktion einer bestimmten Menge von Gütern aufgewendete Arbeitszeit nimmt ab. Wir haben festgestellt, dass die Arbeitszeit das Wertmaß der Waren ist. Wenn Steigerung der Produktivität heißt, dass die aufgewendete Arbeitszeit für eine bestimmte Menge konkreter Güter abnimmt, dann bedeutet dies unweigerlich eine Entwertung des stofflichen Reichtums. Dem gleichen stofflichen Reichtum entspricht dann ein kleinerer abstrakter Reichtum als vorher. Wir wissen aber, dass das eigentliche Ziel kapitalistischen Wirtschaftens in der Steigerung des abstrakten Reichtums liegt, während die Schaffung von stofflichem Reichtum von zweitrangiger Bedeutung ist. Wenn nun in der Produktivitätssteigerung zwar der stoffliche Reichtum zunimmt (mehr Output), während der abstrakte Reichtum (die Wertmasse) gleich bleibt oder abnimmt, muss die Wirtschaft gesamthaft ein noch stärkeres Wachstum des stofflichen Reichtums anstreben, um auch im Bereich des abstrakten Reichtums überhaupt noch Wachstum zu erzielen. Das ist der wichtigste Aspekt des kapitalistischen Wachstumszwangs.

Dieser Wachstumszwang hatte und hat eine doppelte Ausdehnungsbewegung zur Folge, eine Ausdehnung nach außen und eine nach innen. Die Ausdehnung nach außen bedeutete eine schrittweise Eroberung von Produktionszweigen, die noch nicht kapitalistisch organisiert waren (Subsistenzproduktion, Handwerk, Landwirtschaft). Sie bedeutete auch eine Überführung der arbeitenden Bevölkerung in die Lohnabhängigkeit (Bauern wurden als Arbeiter in die Industrie hineingezwungen). Und sie bedeutete schließlich die Eroberung des geografischen Raums (Unterwerfung der Kolonien, später der Drittweltländer unter die Logik der Warenproduktion). Die Ausdehnung nach innen besteht in der Schaffung neuer Produktionszweige und neuer Bedürfnisse und in einer allmählichen Eroberung des Bereichs der unbezahlten Arbeit, der noch nicht der kapitalistischen Logik gehorcht und mehrheitlich den Frauen »anvertraut« ist (Hausarbeit, Care-Arbeit, Kranken- und Altenpflege). Sie besteht aber auch in einer dauernden Intensivierung der Arbeit.

Es scheint, dass diese doppelte Ausdehnungsbewegung sich in letzter Zeit verlangsamt hat oder sogar zum Stillstand gekommen ist. Das kann man dadurch erklären, dass die ins Unendliche zielende Expansion in einem endlichen Raum stattfinden muss. Das hat für die Warengesellschaft zwei fatale Folgen. Erstens wird in der Produktivitätssteigerung irgendwann ein Punkt erreicht, wo die Entwertung des stofflichen Reichtums, das heißt die Eliminierung von Lohnarbeit aus dem Produktionsprozess, nicht mehr durch eine mengenmäßige Ausweitung der Produktion wettgemacht werden kann. Wettgemacht werden könnte die Eliminierung von Lohnarbeit aus der immer produktiveren Produktion nur durch die massenhafte Herstellung ganz neuer Produkte, die massenweise menschliche Arbeit erfordert; und eine solche Innovation ist nicht in Sicht. Das wirklich Neue in der Produktion ist im Gegenteil gegenwärtig in dem Vorgang zu finden, den man die dritte industrielle Revolution nennt, also in der Ersetzung menschlicher Arbeitskraft durch Mikroelektronik, Computer, Automaten und Roboter. Die Wertkritik nennt den kritischen Punkt, wo die Eliminierung der Arbeit nicht mehr durch eine mengenmäßige Ausweitung der Produktion wettgemacht werden kann, die *innere Schranke* der kapitalistischen Produktion. Sie ist der Ansicht, dass dieser Punkt schon vor einigen Jahrzehnten erreicht worden ist. Deshalb ist es aus wertkritischer Sicht richtig zu sagen, dass die Welt gleichzeitig reicher und ärmer wird. Reicher wird sie, weil der globale stoffliche Reichtum dauernd zunimmt und noch nie so groß war wie heute. Ärmer wird sie, weil der abstrakte Reichtum seit dem Erreichen der inneren Schranke allmählich abschmilzt.

Die zweite fatale Folge der dauernden Produktivitätssteigerung liegt in der Tatsache, dass die kapitalistische Produktion nicht nur an eine innere, sondern auch an eine *äußere Schranke* stößt. Diese ist durch die ökologischen Grenzen des Wachstums gegeben. Der stoffliche Reichtum, der wegen der gesamtwirtschaftlichen Steigerung der Produktivität rasch wachsen muss, bei gleichzeitigem Stillstand oder bei Abnahme des durch menschliche Arbeit geschaffenen abstrakten Reichtums, kann nicht beliebig wachsen, es sei denn, man nehme den Kollaps des globalen Ökosystems »in Kauf«. Gegenwärtig steuert die kapitalistische Gesellschaft dieses Ziel eines allgemeinen ökologischen Zusammenbruchs geradewegs an, wie etwa die konsequente Verschleppung und Verhinderung griffiger Maßnahmen zum Schutz des Klimas durch die Wirtschaft zeigt. Auch dieses Problem ist von der Wertkritik früh erkannt worden.

Durch diese beiden Schranken der kapitalistischen Produktion erklärt sich das Nein der Wertkritik auf die Frage, ob eine Zähmung des Kapitalismus möglich ist. Möglich und anzustreben ist im Gegenteil ein Gesellschaftswandel, der die Produktion von stofflichem Reichtum ohne den Umweg durch das Nadelöhr des abstrakten Reichtums erlaubt. Kapitalismuskritik, die ihren Namen verdient, muss deshalb die Grundkategorien Ware, Arbeit, Wert und Geld infrage stellen. Und ein Ausweg aus der scheinbar ausweglosen Situation ist nur als Ausstieg aus dem Teufelskreis denkbar, nämlich eben als Aufhebung dieser Grundkategorien. Häuser sollen gebaut, Brot soll gebacken, Filme sollen gedreht werden können ohne Umweg über Lohnarbeit, Geld und Markt. Anders gesagt: Der Ausstieg aus der Katastrophe kann nur ein Ausstieg aus der Wirtschaft sein. Das ist das Gleiche.

Nun gibt es in der Tat zahlreiche Autoren, die in ihren Werken die Grundkategorien des Kapitalismus mehr oder weniger ausdrücklich infrage gestellt haben. Unter ihnen befinden sich Anthropologen wie Emile Durkheim, Marcel Mauss und Marshall Sahlins, Wirtschaftswissenschaftler wie Karl Polanyi oder Philosophen wie André Gorz. Vor allem aber haben viele Autoren, die in der Marx-Nachfolge arbeiten, die kapitalistischen Grundkategorien über Bord geworfen. Zu nennen ist insbesondere die französische Bewegung der *Communisation* (Kommunisierung). Aber auch Gruppen, die sich als antiautoritär kommunistisch verstehen, muss man erwähnen. Sie haben mit dem, was bis 1989/1991 Kommunismus hieß, nur noch den Namen gemein. Als Beispiel sei die international tätige Gruppe um die in Berlin erscheinende Zeitschrift *Kosmoprolet* genannt. Und schließlich gibt es seit einigen Jahren in Frankreich die Gruppe *Quelques ennemis du meilleur des mondes,* die ihre kategoriale Kapitalismuskritik in Heften unter dem Titel *Sortir de l'économie* (Ausstieg aus der Wirtschaft) publiziert. Alle diese Gruppen leisten für die Überwindung der Grundkategorien Wesentliches und verdienen, zur Kenntnis genommen zu werden. Eine Würdigung dieser Autoren und Gruppen würde jedoch den Rahmen dieses Buchs sprengen. Die mit Abstand am weitesten entwickelte kategoriale Kapitalismuskritik ist indes die Wertkritik. Sie ist in den Achtzigerjahren fast gleichzeitig in Deutschland, den USA und Frankreich unter dem Eindruck des sich abzeichnenden Scheiterns des Sowjetkommunismus entstanden und hat sich dann vor allem in Deutschland zu einer eigentlichen Denkschule entwickelt. Ihr ist das folgende Kapitel gewidmet.

Wertkritik oder Die Lehre vom Wachstumsparadox

In den vorangehenden Kapiteln wurde betont, dass die Grundkategorien der Warengesellschaft, Ware, Arbeit, Wert und Geld, nichts allgemein Menschliches oder überhistorisch Natürliches an sich haben, dass sie im Gegenteil menschengemacht und geschichtlich geworden sind. Diese Grundtatsache hat ihre Tücken. Wer sie verstehen möchte, muss versuchen, sich von den eigenen, vertrauten Denkgewohnheiten zu verabschieden. Aber im Grunde handelt es sich nicht einfach um falsche individuelle Denkgewohnheiten, sondern um eine Ideologie, die es zu durchschauen gilt. Was man zu Marx' Zeiten politische Ökonomie nannte und was heute Volkswirtschaftslehre oder Wirtschaftswissenschaft heißt, beruht auf dieser Ideologie. Sie sieht im Kapitalismus eine natürliche Wirtschafts- und Gesellschaftsordnung, die nicht zu hinterfragen ist, weil »Menschen schon immer gearbeitet, Waren produziert und diese auf Märkten getauscht haben«. So wird es behauptet und gelehrt, obwohl diese Behauptung einer genaueren Betrachtung nicht standhält. Der Satz wäre nur richtig, wenn der Stellenwert der Ware und die Bedeutung des Arbeitsbegriffs ihrerseits »schon immer« die gleichen gewesen wären. Und genau dies ist nicht der Fall, wie wir im Folgenden sehen werden.

Marx hat gezeigt, dass diese Sichtweise ideologisch bedingt ist, indem er zwischen konkreter und abstrakter Arbeit unterschied. Er betrachtete die Entdeckung der Doppelgesichtigkeit der Lohnarbeit wohl zu Recht als seine bedeutendste Leistung. Diese Entdeckung erlaubt es uns nämlich, Missverständnisse und Fehldeutungen in Bezug auf den Arbeitsbegriff zu vermeiden. Einerseits ist die menschliche Arbeit, der »Stoffwechselprozess mit der Natur« (Marx), eine durch alle Zeiten hindurch gegebene Tatsache, die zum Menschsein gehört. Und andererseits hat die abstrakte Seite der Lohnarbeit erst in der kurzen Geschichte des Kapitalismus ihre Vorrangstellung in der Gesellschaft errungen. Wenn heute in Politik und Wirtschaft von der fundamentalen Bedeutung der Arbeit die Rede ist, dann ist immer die abstrakte Arbeit gemeint, die der Schaffung von abstraktem Reichtum dient, also die Seite der Arbeit, die in nichtkapitalistischen Gesellschaften unbekannt oder unbedeutend war. Kritik und Überwindung des Kapitalismus muss demnach heißen: Kritik und Überwindung der abstrakten Arbeit.

Im ersten Kapitel seines Werks *Das Kapital* gibt Marx vier Beispiele für Arbeit, die allein menschlichen Bedürfnissen dient und nicht abstrakte Arbeit ist, die also nicht das Schaffen von Wert und dessen Vermehrung bezweckt. Das erste Beispiel ist durch Robinson auf seiner Insel gegeben. Robinson verrichtet eine ganze Reihe von Arbeiten, die alle der Befriedigung seiner Bedürfnisse dienen, ohne dass er je auf den Gedanken käme, nach dem Wert seiner Arbeit und ihrer Erzeugnisse zu fragen. Das zweite Beispiel betrifft die Arbeit der Leibeigenen im Mittelalter, die in persönlicher Abhängigkeit einen Teil ihrer Arbeitszeit für ihren Lehensherrn oder für die Kirche aufwendeten. Im Gegensatz zur späteren kapitalistischen Lohnarbeit hatten ihre Tätigkeiten nicht eine konkrete und eine abstrakte Seite. Die den jeweiligen Bedürfnissen entsprechende Nützlichkeit ihrer Arbeit war das Einzige, was beide Seiten, den Leibeigenen und den Lehensherrn, überhaupt interessieren konnte. Als drittes Beispiel nennt Marx einen traditionellen landwirtschaftlichen Familienbetrieb, der für seinen eigenen Bedarf produziert. Zwar gibt es hier eine durch Alter und Geschlecht der Familienmitglieder gegebene Arbeitsteilung; aber die ganze Familie arbeitet als eine kollektive Arbeitskraft für die Bedürfnisse des Kollektivs. Ware, Lohnarbeit, Wert und Geld spielen in dieser Welt keine Rolle.

Fast könnte man aufgrund dieser Beispiele meinen, Marx fordere eine Rückkehr in die Zeit der Feudalherrschaft oder in eine patriarchalische Agrarwirtschaft. Er gibt aber noch ein viertes Beispiel, das er in die Zukunft verlegt. Er stellt sich »einen Verein freier Menschen vor, die mit gemeinschaftlichen Produktionsmitteln arbeiten und ihre vielen individuellen Arbeitskräfte selbstbewusst als eine gesellschaftliche Arbeitskraft verausgaben« (MEW 23: 92). Eine solche Gemeinschaft stellt so etwas wie einen kollektiven Robinson dar. Jedes Mitglied der Gemeinschaft hat seinen Anteil an der gemeinsamen Arbeit und am Verbrauch der gemeinsam produzierten Güter. Auch in dieser von Marx nur vorgestellten Gesellschaft spielen die kapitalistischen Grundkategorien Ware, Lohnarbeit, Wert und Geld keine Rolle.

Man mag von diesen vier Beispielen halten, was man will. Sie bringen jedenfalls die Vorstellung von der Natürlichkeit der kapitalistischen Grundkategorien ins Wanken. Dennoch hält sich diese Auffassung hartnäckig, und zwar auch bei Personen und Bewegungen, die sich für kapitalismuskritisch halten. Insbesondere der traditionelle Marxismus hat die Grundkategorien nie infrage gestellt und die marxsche Kritik an ihnen nicht verstanden. Man muss sogar sagen, dass der Wertbegriff von Marx bis vor etwa vierzig Jahren kaum jemanden wirklich interessierte. Das ist der Ausgangspunkt und Neuanfang der Wertkritik. Sie hebt mit großer Klarheit den negativ-kritischen Aspekt der marxschen Werttheorie hervor und entwickelt diese Theorie zu einer eigentlichen Kritik. Sie zeigt in zahlreichen Publikationen, was es für den Kapitalismus bedeutet, dass er auf Kategorien gründet, die letztlich Fetischcharakter haben. So hat sie sich zu einer Kritik der politischen Ökonomie unserer Zeit entwickelt.

Der Kern der Wertkritik findet sich in einem Gedanken, der im Werk von Marx mehrmals auftaucht und der in den vorangehenden Kapiteln schon einige Male ausgeführt worden ist. Rufen wir uns in Erinnerung, dass bei zunehmender Produktivität der Warenproduktion die Schaffung von stofflichem Reichtum einerseits und abstraktem Reichtum andererseits immer weiter auseinanderfällt. Unter dem Druck der Konkurrenz muss die menschliche Arbeit zunehmend aus dem

Produktionsprozess eliminiert werden. Da die menschliche Arbeit der einzige wertschaffende Faktor ist, wird der produzierte stoffliche Reichtum also in wachsendem Maße entwertet. Marx hat diesen paradoxen Sachverhalt in einem Satz zusammengefasst: »Das Kapital ist selbst der prozessierende Widerspruch [dadurch], dass es die Arbeitszeit auf ein Minimum zu reduzieren strebt, während es andrerseits die Arbeitszeit als einziges Maß und Quelle des Reichtums setzt« (MEW 42: 601). In diesem Selbstwiderspruch muss die Warenproduktion schließlich an die im vorigen Kapitel erwähnte innere und äußere Schranke stoßen: Die Wertminderung der Waren lässt sich nicht mehr durch eine Ausweitung der Wertmasse wettmachen; und das Anwachsen des stofflichen Reichtums stößt an die ökologischen »Grenzen des Wachstums«, von denen seit Anfang der Siebzigerjahre die Rede ist.

Die paradoxe Entwicklungslogik und Eigendynamik des warenproduzierenden Systems – Steigerung der Produktivität im Wettlauf mit der Konkurrenz, daher fortschreitende Eliminierung der Arbeit, daher Ausdehnung der Produktion zwecks Steigerung der Wertmasse, daher erneute Steigerung der Produktivität und so weiter –, diese Entwicklungslogik lässt sich nicht abschaffen. Sie gehört zum Wesen des Kapitalismus. In seiner kurzen Geschichte hat es keine Epoche gegeben, in welcher die Arbeitsproduktivität insgesamt gesunken wäre. Ein Zurück zu einer früheren Stufe der Arbeitsproduktivität kann es nicht geben, solange die Wirtschaft auf der Grundlage der Konkurrenz arbeitet. Und es gibt denn auch in der Geschichte des Kapitalismus kein Beispiel für ein solches Zurück. Die Entwicklungslogik des Kapitalismus ist ein zwanghaftes Vorwärts, für dessen Darstellung oft das Bild eines gegen eine Mauer rasenden Vehikels gewählt wird. Eines der verhängnisvollsten Missverständnisse für Bewegungen im antikapitalistischen Widerstand liegt deshalb im Glauben, die Menschen könnten zu früheren Etappen dieser Entwicklung zurückkehren, wenn sie nur wollten. Dies ist zwar für isolierte Experimente durchaus möglich, solange man sie dem Druck der Konkurrenz künstlich entziehen kann. Aber das gesamte System rast weiter in seinem Zwang zu Produktivitätssteigerung und Wachstum. Es kennt kein Zurück.

Die wertkritischen Autorinnen und Autoren haben sich in ihrer Arbeit ausführlich mit dieser Entwicklungslogik des warenproduzierenden Systems befasst. Sie haben aber in ihren Publikationen viel mehr vorgelegt als die bloße Beschreibung eines Wirtschaftssystems, dessen Kern der Warenfetisch ist. Die Fragen, wie dieses System entstanden ist und sich entwickelt hat und wie es die zunehmend globale Gesellschaft in ihrem Wesen prägt, sind ebenso Gegenstand des wertkritischen Schaffens wie die Untersuchung einzelner Aspekte dieser globalen Gesellschaft: Wie hat sich die abstrakte Arbeit im Laufe der Jahrhunderte durchgesetzt? Welche Rolle spielt die Geschlechtszugehörigkeit für die Menschen im warenproduzierenden System? Wie wirkt sich der Vorrang des abstrakten Reichtums vor dem stofflichen auf die Gesellschaft aus? Wie und warum werden in diesem Zusammenhang Individuen oder Gruppen ausgegrenzt oder integriert? Was für eine Rolle spielt Gewalt in diesem System? Welche Bedeutung haben die Menschenrechte und die Demokratie? Welche Aufgabe können oder müssen linke Parteien und Bewegungen im voll entwickelten warenproduzierenden System erfüllen? Wertkritische Autorinnen und Autoren haben sich in den vergangenen drei Jahrzehnten mit diesen Fragen befasst. Sie haben gezeigt, dass die Gesellschaft in ihrer Gesamtheit und unter allen Gesichtspunkten vom Warenfetisch beherrscht wird. Der Kapitalismus ist nicht nur ein Wirtschaftssystem; er ist das globale Gesellschaftssystem. Er prägt das Denken, Fühlen und Handeln der Menschen sowie die Normen, die ihrem Handeln zugrunde liegen; und er bildet die Basis für alles, was man unter Politik im weitesten Sinne versteht. So lässt sich aufgrund wertkritischer Lektüren verstehen: Die in ihrem zwanghaften Vorwärts auf eine Katastrophe zusteuernde Wirtschaft ist Motor und Kern einer Gesellschaft in Lebensgefahr. Einige der folgenden Kapitel beleuchten aus wertkritischer Sicht einzelne Aspekte dieser sich selbst zerstörenden globalen Gesellschaft.

Wie die Menschen zu Arbeitstieren wurden: Die Durchsetzungsgeschichte der abstrakten Arbeit

Die Vorrangstellung des abstrakten Reichtums gegenüber dem stofflichen ist nur wenige Jahrhunderte alt. Ihre Geschichte ist die Geschichte der Epoche, die wir Neuzeit oder Moderne nennen. Man kann diese Geschichte banal als eine Abfolge politischer Ereignisse wahrnehmen: Staatsgründungen, internationale Pakte und Vereinbarungen, Konflikte, Kriege, Revolutionen. Man kann auch versuchen, sie als Geschichte einer sozialen und kulturellen Entwicklung zu lesen, vielleicht sogar eines zivilisatorischen Fortschritts, allerdings mit katastrophalen und barbarischen Einbrüchen. Die Wertkritik schürft tiefer, indem sie danach fragt, wie die Vorrangstellung des abstrakten Reichtums in der Frühmoderne entstanden ist und wie sie sich im Laufe der Jahrhunderte durchgesetzt hat. Die Geschichte der Neuzeit ist die Geschichte des Kapitalismus, und diese ist identisch mit der Durchsetzungsgeschichte des Primats des abstrakten Reichtums, das heißt des Primats der abstrakten Arbeit. Wie sind die Menschen dazu gekommen, alle Aspekte ihres Lebens den Kategorien Ware, Wert, Geld und Arbeit unterzuordnen und diese Kategorien sogar als »natürlich« zu erleben? Das ist die Frage, die die Wertkritik an die Geschichte der Neuzeit stellt.

Die Antwort ist beklemmend: Der heutige Kapitalismus ist das Ergebnis blutiger Unterwerfungen, die im Laufe der Zeit zunehmend den Charakter der Selbstunterwerfung angenommen haben. Die Menschen mussten so lange gewaltsam in die Warenproduktion hineingezwungen werden, bis sie sich mehr oder weniger freiwillig dem Diktat der abstrakten Arbeit unterzogen und dies schließlich sogar als naturgegeben erlebten. Dieses Diktat hat in unserer Zeit den Charakter eines allgemeinen gesellschaftlichen Einverständnisses angenommen, wonach es die Arbeit ist, die dem menschlichen Leben seinen Sinn gibt. Sie macht Menschen zu vollwertigen Mitgliedern der Gesellschaft. Es gibt denn auch ein Menschenrecht auf Arbeit. Aber mit diesem Recht ist eine Drohung verbunden, die das

Recht unversehens zu einer Pflicht macht: Wer sein Recht auf Arbeit nicht wahrnimmt oder nicht wahrnehmen kann, wird ausgegrenzt.

Es ist nicht leicht, die Geschichte der abstrakten Arbeit in ihrer ganzen Brutalität zur Kenntnis zu nehmen. Sie ist von Gewalt und Terror geprägt und entspricht nicht dem Bild, das von ihr seit dem achtzehnten Jahrhundert vorwiegend vermittelt wird: Der Kapitalismus wird ja seit der Aufklärung – sogar im Werk von Karl Marx – als entscheidende Etappe des zivilisatorischen Fortschritts beschrieben. Diese Darstellung ist unzulässig beschönigend. Sie muss immer wieder dazu dienen, den gewalttätigen und zerstörerischen Charakter des Systems zu verschleiern. Hier soll nun die fünfhundertjährige Gewaltorgie zur Durchsetzung der abstrakten Arbeit nicht erzählt, aber in einigen entscheidenden Phasen skizziert werden.[5]

Das für die Anfänge der Moderne entscheidende Ereignis war Robert Kurz zufolge die Erfindung des Schießpulvers. Dieses war zwar schon im 11. Jahrhundert in China erfunden worden. Aber erst zu Beginn der europäischen Neuzeit erlangte diese Tatsache ihre große Bedeutung für die Geschichte der abstrakten Arbeit. Die entscheidende Veränderung lag in der raschen Entwicklung der Tötungswerkzeuge, die man später Feuerwaffen nannte. Diese Erfindung führte zu einer Umwälzung in den Techniken der Kriegführung. Die vergleichsweise Kompliziertheit der neuen Waffen, verglichen mit den herkömmlichen – Schwert, Pfeil und Bogen, später die Armbrust –, erforderte eine zentralisierte und kostspielige Herstellung in Waffenfabriken. Die Durchschlagskraft der Geschosse zog einen ebenfalls kostspieligen Aufschwung des Festungsbaus in Europa nach sich. Diese militärtechnische Revolution mündete in einen zeitweiligen Rüstungswettlauf, und dieser hatte wegen seiner enormen Kosten einen ersten Schub in der stufenweisen Durchsetzung des abstrakten Reichtums und der

5 Ich folge in diesem Kapitel vor allem der Darstellung im *Schwarzbuch Kapitalismus* von Robert Kurz (Kurz 1999b) und im *Manifest gegen die Arbeit* der Gruppe *Krisis* (Gruppe Krisis 1999).

abstrakten Arbeit zur Folge. Der Umbruch in der Kriegführung der europäischen Fürsten bewirkte nämlich einen Umbruch in ihrem Umgang mit Geld und führte zu dem, was wertkritische Autoren die »Feuerwaffenökonomie« genannt haben.[6]

Die Fürsten befanden sich in einer Zwangslage: Sie mussten sich in vergleichsweise kurzer Zeit Feuerwaffen – insbesondere Kanonen –, Festungsbauten und eine Berufsarmee beschaffen. Das hatte einen nie zuvor dagewesenen Geldhunger zur Folge. Dieser Geldhunger vor allem führte zu einer Zentralisierung der Staatsführung, welche das Geld eintreiben konnte, das zur Finanzierung der neuen Kriegführung nötig war. Wo noch kurz vorher die Untertanen ihre Tribute und Abgaben zum größten Teil in Form von Naturalien und Frondiensten geleistet hatten, da mussten sie jetzt »Geld verdienen«, um die Steuern bezahlen zu können, die durch eigens dafür eingesetzte Steuereintreiber eingezogen wurden. Der moderne Staat, die Rüstungsindustrie, die neue Art der Kriegführung und die stark veränderte Bedeutung des Geldes haben diesen gemeinsamen Ursprung. Wo man vorher Untertanen zur Kriegführung aufgeboten hatte, da sorgten jetzt Berufsleute der Kriegführung im Dienste der Fürsten – Generäle, Söldnerführer, Condottieri – für Einstellung, Führung und Besoldung des Armeepersonals. Diesem Personal – den Söldnern – wie auch seinen Vorgesetzten waren die politischen und militärischen Zusammenhänge, in welchen sie arbeiteten, völlig egal. Die Söldner – die Soldaten also – waren die Vorläufer der modernen Lohnarbeiter. Der Sinn ihrer Arbeit lag für sie nicht in der Erfüllung einer konkreten Aufgabe, sondern im Beschaffen von Geld für ihren Lebensunterhalt. Das war die abstrakte Seite ihrer Arbeit; die konkrete Seite war der professionell organisierte Mord und Totschlag. Die Heerführer und Condottieri ihrerseits waren »die Prototypen des modernen Unternehmertums und seiner ›Risikobereitschaft‹«

6 Der wertkritische Autor Richard Aabromeit hat 2017 die Bedeutung der Feuerwaffenökonomie für die Geschichte des Kapitalismus gegenüber der Darstellung durch Robert Kurz zurückgestuft, weil die Argumentation von Kurz seines Erachtens zu eindimensional ist (Richard Aabromeit, *Geld – Ist doch klar, oder?* In: EXIT! 14/2017, 285f.).

(Kurz 1997b). Der Kapitalismus beruhte also schon in dieser frühen Phase nicht nur auf dem Wirken von Produktivkräften, sondern auch auf der Entfaltung von Zerstörungskräften. Er war schon in dieser Frühphase zumindest teilweise eine »Ökonomie des Todes« (a. a. O.), und das ist er bis heute geblieben.

Das Personal für diese beginnende Geld- und Arbeitsökonomie war nicht leicht zu finden. Die Menschen nahmen nämlich die Rolle von Geldverdienern nicht freiwillig an, solange sie ihr Leben auf andere Weise fristen konnten. Es war deshalb für die jungen absolutistischen Staaten wichtig, sich gewaltsam das »Menschenmaterial« zu beschaffen, das die nun in Gang gesetzte Ökonomie immer dringender benötigte. »Die Menschen wurden mit Waffengewalt von ihren Feldern vertrieben, um der Schafzucht für die Wollmanufakturen Platz zu machen. Alte Rechte wie das freie Jagen, Fischen und Holzsammeln in den Wäldern wurden abgeschafft. Und wenn die verarmten Massen dann bettelnd und stehlend durch die Lande zogen, wurden sie in Arbeitshäuser und Manufakturen eingesperrt, um sie mit Arbeitsfoltermaschinen zu malträtieren und ihnen ein Sklavenbewußtsein von gefügigen Arbeitstieren einzuprügeln« (Gruppe Krisis 1999: Kapitel 9). Arbeitstiere mit Sklavenbewusstsein beschaffte sich die expandierende europäische Wirtschaft aber vor allem auch in den anderen Kontinenten. Die dort lebenden Menschen hatten für die europäischen Kolonisatoren den Vorteil, dass sie ihnen nicht als Menschen galten, sondern als rechtlose Wilde, als Menschenfresser, die man denn auch völlig hemmungs- und gewissenlos versklavte oder niedermetzelte, wenn sie sich wehrten. Die Praxis der Vernichtung von als minderwertig geltenden Menschen durch Arbeit ist nicht eine Erfindung des Nationalsozialismus. Sie ist nach der Feuerwaffenökonomie die »zweite Grundlegung der Arbeitsgesellschaft« (a. a. O.). Bis in die Gegenwart hinein ist sie ein zumeist schamhaft verschwiegener Bestandteil der Wirtschaft.

Die zweite Welle in der Durchsetzungsgeschichte der abstrakten Arbeit stellte die erste industrielle Revolution dar. Das allmähliche Entstehen der großen anonymen Märkte und die

Einführung der Maschinen in der Warenproduktion führten im frühen 19. Jahrhundert zu einem gnadenlosen Konkurrenzkampf zwischen den Unternehmern. Die maschinelle Produktion hatte deshalb nicht die segensreiche Wirkung, die man sich eigentlich von ihr versprechen würde, nämlich eine Verkürzung der Arbeitszeiten. Schon in ihrer ersten Phase führte die maschinelle Industrie durch Verdrängung des Handwerks zu einer Welle der Massenarbeitslosigkeit, also auch der Massenarmut, die bald das gesamte Textilhandwerk erfasste. Dieses wurde durch die maschinelle Textilindustrie ersetzt, die in der Entwicklung des Kapitalismus eine Vorreiterrolle spielte. Die wenigen »Glücklichen«, die in den neu entstandenen Fabriken einen Arbeitsplatz fanden, mussten sich zu heute kaum vorstellbaren Bedingungen auspressen lassen. Kinderarbeit war die Regel. Arbeitstage von bis zu 16 Stunden waren nicht selten.[7] Wer sich heute zu Recht empört über die Zustände der Arbeitswelt in vielen Ländern des Südens, sollte nicht vergessen, dass der Kapitalismus auf dieser Grundlage entstanden ist und sich auf ihr weiter entwickelt: größtmögliche Ausbeutung einiger »Privilegierter«, manchmal bis zur physischen Vernichtung, und Entsorgung der arbeitslosen Massen, häufig ebenfalls durch Vernichtung, in der Regel durch Verhungernlassen. Der Ökonom und Pfarrer Thomas Malthus (1766–1834) lieferte zu dieser Praxis die ideologische Rechtfertigung. Seine Ansicht, wonach die Armen in der Lotterie des Lebens eben eine Niete gezogen hätten, dass ihnen dies aber keinesfalls ein Recht auf Unterstützung gebe, fand breite Zustimmung. Aber auch diejenigen, die menschenfreundlicher dachten und handelten, konnten – wie ihre heutigen Nachfolger – am erbarmungslosen Wirken des »automatischen Subjekts« grundsätzlich nichts ändern.

In dieser Phase begann sich auch die vollständige Zurichtung des »Menschenmaterials« auf die Schaffung von abstraktem

7 Die Tatsache, dass der wichtigste Rohstoff der ersten industriellen Revolution, die Baumwolle, praktisch ausschließlich unter Einsatz von Sklavenarbeit beschafft wurde, gehört mit zu dieser Etappe der Durchsetzungsgeschichte der abstrakten Arbeit.

Reichtum durchzusetzen. Die Industrialisierung war nicht nur eine Unterwerfung der Arbeitenden unter die Rhythmen der Maschine. Sie bestand auch in einer strammen Disziplinierung der Wertschaffenden durch unzählige Vorschriften, Verbote, und Verhaltensmaßregeln. Die Disziplinierung des arbeitenden Personals prägt die Arbeitswelt bis heute und wirkt auf die Mentalität der Arbeitenden ein. Sie hat aber heute ganz andere Formen angenommen und gibt sich nicht immer klar als das zu erkennen, was sie ist: eine Strategie zur Leistungssteigerung der Arbeitenden im Dienste der Schaffung von abstraktem Reichtum. Weiterbildungsseminare, Teambildungs-Camps und Kleidungsvorschriften für Manager haben diese Funktion genauso wie Verbote für die Arbeiterinnen und Arbeiter, während der Arbeitszeit miteinander zu sprechen oder die Toilette zu besuchen.

Aber auch diese zweite Welle in der Durchsetzungsgeschichte des Geldverdienens durch Lohnarbeit stieß in der Bevölkerung auf erbitterten Widerstand. Die offizielle Geschichtsschreibung, ebenso wie die marxistische, hat diesen Widerstand weitgehend ignoriert oder als fortschrittsfeindlich gebrandmarkt. In Wirklichkeit erlebte ganz Europa in dieser Zeit einen »bald schleichenden und bald offenen Bürgerkrieg« (Kurz 1999b: 144). Den Kern des Widerstands bildeten die »Ludditen«, eine gut organisierte Bewegung in England, die sich mit rabiaten Methoden gegen die fortschreitende Einführung von Maschinen zur Wehr setzte. Die Ludditen waren die Speerspitze einer Massenbewegung in ganz Europa gegen die maschinelle Industrialisierung. Der liberale und marxistische Fortschrittsglaube konnte und wollte diesen starken Widerstand nicht wahrhaben. Er hat dafür gesorgt, dass die erste industrielle Revolution bis heute im Bewusstsein der Menschen nicht als die brutale Durchsetzungsphase der abstrakten Arbeit gilt, die sie in Wirklichkeit war, sondern als eine mehr oder weniger friedliche Etappe in der Geschichte des menschlichen Fortschritts. Das entsprechende Kapitel im *Schwarzbuch Kapitalismus* von Robert Kurz bildet zu dieser Legende ein wirksames Korrektiv (Kurz 1999b: 143–159).

In der ersten Hälfte des 20. Jahrhunderts, in der Zeit des Fordismus und des Taylorismus, wurde die Warenproduktion zur eigentlichen Arbeitsschlacht. Das war die dritte Welle in der Durchsetzungsgeschichte der abstrakten Arbeit. Die Einführung des Fließbands in die Produktionsabläufe und die von Frederick W. Taylor entwickelte Effizienzsteigerung in den Arbeitsabläufen führten zu einer extremen Verdichtung der abstrakten Arbeit. Arbeit sollte zudem mehr und mehr als »natürlich« erscheinen. Je mehr die Menschen arbeiteten, umso besser entsprachen sie der Vorstellung, dass der Mensch nur in der Arbeit seine Natur verwirklicht. Das »Menschenmaterial« wurde entsprechend zugerichtet. Es ging jetzt nicht mehr bloß um eine Unterwerfung der wertschaffenden Menschen unter das Diktat des abstrakten Reichtums; es ging um ihre Selbstunterwerfung. In den Rationalisierungsprozess wurden diesmal auch die Angestellten und Manager einbezogen, die vorher als Vorgesetzte der Arbeiter der Disziplinierung weitgehend entgangen waren. Die gewaltsame Unterwerfung der arbeitenden Menschen unter den mechanischen Fortschrittsbegriff wurde von allen beteiligten Instanzen und Ideologien in Friedens- und Kriegszeiten unerbittlich vorangetrieben. Die Verherrlichung der Arbeit setzte sich genau gleich in den westlichen Demokratien, in Nazideutschland und in der Sowjetunion durch und erfasste sowohl Unternehmer als auch Gewerkschaften, sowohl bürgerliche als auch Arbeiterparteien.

Die Zeit des Fordismus oder der zweiten industriellen Revolution war auch die Zeit der inneren und äußeren Militarisierung der Menschen, des beginnenden Geschwindigkeitswahns und der Motorenbegeisterung, der sich ankündigenden totalen Automobilisierung der Menschheit. Es war die Zeit der Weltwirtschaftskrise und der beiden Weltkriege, die Entscheidendes zur Ausweitung des Produktionsvolumens beitrugen. Das »futuristische Manifest« (1909) von Filippo Tommaso Marinetti gewährte schon zu Beginn der Epoche einen tiefen Einblick in deren Geistesverfassung: »Wir erklären, dass sich die Herrlichkeit der Welt um eine neue Schönheit bereichert hat: die Schönheit der Geschwindigkeit. Ein Rennwagen, dessen Karosserie große Rohre schmücken, die Schlangen mit explosivem Atem gleichen [...], ein aufheulendes Auto, das auf Kartätschen zu laufen scheint, ist schöner als die Nike von Samothrake. Wir wollen den Mann besingen, der das Steuer hält, dessen Idealachse die Erde durchquert, die selbst auf ihrer Bahn dahinjagt [...] Wir wollen den Krieg verherrlichen – diese einzige Hygiene der Welt – den Militarismus, den Patriotismus, die Vernichtungstat der Anarchisten, die schönen Ideen, für die man stirbt, und die Verachtung des Weibes. Wir wollen die Museen, die Bibliotheken und die Akademien jeder Art zerstören und gegen den Moralismus, den Feminismus und gegen jede Feigheit kämpfen, die auf Zweckmäßigkeit und Eigennutz beruht [...]« (Zitiert in Kurz 1999b: 476).

Die zweite industrielle Revolution war eine Epoche der fast bedingungslosen Selbstauslieferung der Menschen an die alles zerstörende Megamaschine[8] der technischen Zivilisation. Die umfassende Zerstörung der Natur, deren Zeugen wir seit einigen Jahrzehnten sind, ist eine Folge dieser Phase in der Durchsetzungsgeschichte des abstrakten Reichtums. Vorher hatte sich der Kapitalismus für diese Seite seines Fortschreitens überhaupt nicht interessiert. Er tut es im Übrigen auch heute nicht. Das Schaffen abstrakten Reichtums durch abstrakte Arbeit hatte und hat immer absoluten Vorrang vor dem Schutz von Umwelt und Klima. Der Unterschied gegenüber der Situation am Anfang der fordistischen Epoche liegt darin, dass die Zerstörungen heute nicht mehr zu übersehen sind. Sie sind Teil der umfassenden finalen Krise, in der sich das warenproduzierende System heute befindet. Wie unerbittlich der Zwang zum weiteren Prozessieren des Systems auf immer höherem und zerstörerischerem Niveau ist, zeigt sich gerade darin, dass die Zerstörungen weitgehend achselzuckend »in Kauf« genommen werden. Sie bilden einen Teil des betriebswirtschaftlichen Kalküls, das nicht anders kann, als in der Zerstörung der na-

8 Der Begriff der Megamaschine ist Ende der Sechzigerjahre vom US-amerikanischen Autor Lewis Mumford in seinem Werk *Mythos der Maschine* verwendet und seither von anderen Autoren aufgenommen worden.

türlichen Grundlagen des menschlichen Lebens einen bloßen Kollateralschaden zu sehen.

Umweltzerstörung erweist sich also nicht etwa als Fehlentwicklung, als Folge unsachgemäßen Wirtschaftens, sondern als integrierender Bestandteil der kapitalistischen Entwicklung. Man muss das wissen, um die Chancen eines umweltverträglichen Kapitalismus realistisch einschätzen zu können. Sie sind gleich Null. Einen umweltverträglichen Kapitalismus kann es nicht geben, weil Ökonomie und Ökologie einen unversöhnlichen Gegensatz bilden. Diese Tatsache würde es rechtfertigen, den noch sehr jungen erdgeschichtlichen Begriff des Anthropozäns[9] durch den seit einigen Jahren zirkulierenden Betriff des *Kapitalozäns* zu ersetzen. Dieser trifft den Kern der Sache nämlich besser. Er zeigt auf, dass die geologischen, ökologischen und klimatischen Veränderungen seit dem 18. Jahrhundert nicht primär dem Wirken einer irgendwie verrückt gewordenen Menschheit zuzuschreiben sind, sondern dem blinden Fortschreiten des warenproduzierenden Systems in der gleichen Epoche. Dieses blinde Fortschreiten meinte Marx, als er vor hundertfünfzig Jahren den Begriff des automatischen Subjekts prägte.

In der zweiten Hälfte des zwanzigsten Jahrhunderts setzte in den fordistisch und tayloristisch organisierten Produktionsprozessen die vierte und bisher letzte Welle in der Durchsetzung der abstrakten Arbeit ein, die sogenannte dritte industrielle Revolution. Das ist paradoxerweise die Ersetzung menschlicher Arbeit durch Computer, Automaten und Roboter, die bis heute nicht abgeschlossen ist. Der Widerspruch zwischen der allgemeinen physischen und mentalen Unterwerfung der Menschen unter das Diktat der abstrakten Arbeit einerseits und der Abschaffung der Arbeit durch die Automatisierung andererseits ist augenfällig. Das System, das durch Arbeit Wert schafft, eliminiert ebendiese menschliche Arbeit mit eiserner Konsequenz. Das war allerdings schon seit Beginn des wa-

9 Der Begriff des Anthropozäns wurde 2000 vom niederländischen Meteorologen Paul J. Crutzen geschaffen.

renproduzierenden Systems so. Nur konnte diese Tatsache in früheren Epochen immer durch Expansion, konkret durch die Erschließung neuer Märkte überspielt werden, während man sie heute nicht mehr übersehen kann. Die dritte industrielle Revolution ist aus wertkritischer Sicht die Endphase des prozessierenden Selbstwiderspruchs. Diese Epoche ist denn auch die Zeit der epidemisch sich ausbreitenden Arbeitslosigkeit auf der ganzen Welt. Zwar wird diese Erscheinung dauernd schöngeredet oder vertuscht, zum Beispiel indem die Arbeitslosenstatistiken immer wieder nach neu angepassten Kriterien erstellt werden oder indem man die Begriffe des Arbeitsplatzes und der Arbeitslosigkeit umdefiniert. Aber die brutale Tatsache, dass die wertschaffende menschliche Arbeitskraft durch mikroelektronische Schaltkreise ersetzt wird, lässt sich so nicht wegzaubern.

In dieser ausweglosen Situation musste der Kapitalismus schon Ende der Siebzigerjahre als reif für die Abschaffung erscheinen. Der Keynesianismus hatte mit seinen erfolglosen Rettungsversuchen abgewirtschaftet. Da traten die neoliberalen Ökonomen und Politiker auf den Plan, die seit Jahrzehnten zielstrebig diese Machtübernahme vorbereitet hatten. Man darf sich diesen Machtwechsel allerdings nicht plump als Ergebnis einer verschwörungsähnlichen Vorbereitungsarbeit vorstellen. Die neoliberalen Zirkel hatten zwar teilweise tatsächlich den Charakter einer Verschwörung. Und überdies wäre die Machtergreifung durch den Neoliberalismus ohne massive Anwendung von militärischer und polizeilicher Gewalt nicht möglich gewesen. Aber der politische Erfolg des Neoliberalismus ist letztlich vor allem dem Umstand geschuldet, dass er für das warenproduzierende System schlicht die einzige Rettung war. Diese radikale Form des Liberalismus entspricht in ihrer brutalen Konsequenz am besten dem Wesen und der Eigenlogik des Kapitalismus: Die Welt soll in eine gigantische Ansammlung von Waren verwandelt werden. Menschen werden nur in ihrer Funktion als Wertschaffende und Warenträger wahrgenommen. Nichts anderes zählt. Es ist die Stärke des Neoliberalismus, dass er in dieser Beziehung Klartext spricht.

Durch die erneute Verschärfung der Konkurrenz im Produktivitätswettbewerb gelangt das System seither, den wertkritischen Autorinnen und Autoren zufolge, in die Nähe der inneren Schranke, von der in diesem Buch des Öftern die Rede ist. Der Kampf der Unternehmer gegen die globale Konkurrenz wird härter. Die globale Wertmasse, das heißt der durch Arbeit geschaffene Wert aller produzierten Waren insgesamt, schmilzt ab. Die Arbeitenden müssen teilweise zu Löhnen weit unter dem Existenzminimum arbeiten. Wer nicht einmal diese Chance hat und überflüssig ist, wird ausgegrenzt. Die sozialen Institutionen werden schrittweise abgebaut. Bankrotte auch großer Firmen sind unausweichlich. Die Gewalt im Alltag der Menschen nimmt zu. Viele müssen in die Illegalität ausweichen, um überleben zu können. Die ganze Gesellschaft macht eine allmähliche Entzivilisierung durch. Krieg und Terror breiten sich aus. Und dies alles geschieht unter dem Diktat der Schaffung abstrakten Reichtums durch abstrakte Arbeit. Das Leben der Menschen insgesamt wird unter »Finanzierbarkeits-Vorbehalt« (Robert Kurz) gestellt, während gleichzeitig mehr stofflicher Reichtum vorhanden ist als je zuvor in der Menschheitsgeschichte. Wie alle Phasen der Durchsetzungsgeschichte des abstrakten Reichtums ist auch diese von Gewalt geprägt.

Man muss sich deshalb fragen, wie unter diesen Umständen die Menschenmassen, die man einerseits für den fortwährenden Wertverwertungsprozess benötigt und andererseits als überflüssig wegwirft, bei der Stange gehalten werden können. Ist dazu nicht letztlich ein totalitäres System nötig, das den Menschen keine andere Wahl lässt als ebendiese, sich widerstandslos in den Prozess der Wertverwertung einzufügen und sich, wenn sie überflüssig geworden sind, aus ihm eliminieren zu lassen? Die Antwort der Wertkritik mag überraschen: Ja, es braucht zur Disziplinierung der Menschen ein totalitäres System; es existiert bereits und es erfüllt seinen Zweck bestens. Dieses System heißt Demokratie. Hier ist in unserer Darstellung wieder eine Begriffsklärung nötig: Unter Demokratie wird in wertkritischen Texten immer die Staatsform der westlichen

Industriestaaten verstanden, die es den Bürgerinnen und Bürgern erlaubt, ihre Vertretung in ein Parlament zu wählen und manchmal auch – wie in der Schweiz – politische Fragen an der Urne zu entscheiden. Diese Definition entspricht aber keineswegs der anderen Vorstellung, die der Begriff der Demokratie auch transportiert: dass Menschen gemeinsam über alles entscheiden, was sie gemeinsam betrifft. Diese zweite Bedeutung des Demokratiebegriffs steht zur ersten in einem starken Gegensatz. Demokratische Staatswesen – also Demokratien in der ersten Bedeutung – können ja letztlich nur funktionieren, wenn sie nicht dauernd durch demokratische Ansprüche von unten – also durch Demokratie in der zweiten Bedeutung – in ihrem Funktionieren behindert werden. Wenn wertkritische Autorinnen und Autoren die Demokratie kritisieren, verwenden sie das Wort immer in seiner ersten Bedeutung.

Man muss die wertkritische Rede von der totalitären Demokratie nicht als Begriffsüberdehnung sehen, wenn man sich vergegenwärtigt, dass die Demokratie als Staatsform seit jeher im Dienste des totalitären Systems der Schaffung von abstraktem Reichtum steht. Über das System als solches kann nämlich keine demokratische Instanz entscheiden. Wer glaubt, ein solcher Entscheidungsprozess wäre innerhalb der bestehenden demokratischen Strukturen möglich, nimmt nicht zur Kenntnis, dass die drei Gewalten der Politik – die gesetzgebende, die ausführende und die richterliche Gewalt im Staat – ihr Spiel in einem vorgegebenen Rahmen spielen müssen, der durch eine vierte Gewalt gesetzt ist. Das ist die Gewalt des Marktsystems. Es verhält sich ja auch geschichtlich nicht so, dass Menschen in demokratischen Entscheidungsabläufen über die Einführung anonymer Märkte entschieden hätten. Das Marktsystem war längst da, als in Europa allmählich demokratische Staatsstrukturen entstanden. Es war die Grundlage, auf welcher diese Strukturen errichtet wurden. Was zum guten Funktionieren heutiger Demokratien gehört – freie Meinungsäußerung, politische Willensbildung, freie Wahlen –, ist eine Folgeerscheinung und nicht etwa eine Voraussetzung der anonymen Märkte. Darum können demokratische Institutionen nie über den sinnvollen Einsatz der gemeinsamen Ressourcen entscheiden. Über den Einsatz der Ressourcen – einen eben keineswegs sinnvollen Einsatz – entscheidet der Markt. Das ökonomische System gilt der Demokratie als »natürliche« Grundlage, über die nicht verhandelt werden kann. Die Frage, wie die Wertschaffenden bei der Stange gehalten werden können, beantwortet die Wertkritik deshalb folgendermaßen: In keiner anderen Staatsform lässt sich das Menschenmaterial des Verwertungsprozesses so kostengünstig und widerstandslos einsetzen, führen und eliminieren wie in der Demokratie. Wer politisch links steht, ist zumeist mit dem Gedanken vertraut, dass die Überwindung des Kapitalismus ein Mehr an Demokratie bedeuten müsste und dass diese Überwindung vielleicht sogar die Frucht eines Ausbaus der demokratischen Strukturen sein könnte. Es dürfte jetzt schon einsichtig sein, dass dies eine Sackgasse ist. Denn das müsste ja eine Demokratie sein, die den anonymen Märkten vorgeschaltet wäre. Und die ist nicht zu haben. Im Kapitel »Der Traum vom Primat der Politik« werden wir auf diese Frage zurückkommen.

Der Wert ist eine Männerdomäne, die Wertkritik auch! Die Abspaltungstheorie

Nach der bisherigen Darstellung könnte man meinen, die Wertlogik des warenproduzierenden Systems gelte für die gesamte Gesellschaft und dulde kaum eine Ausnahme. Das Denken und Handeln der Menschen in allen Bereichen der Warengesellschaft ist ja tatsächlich mehr und mehr von der Wertlogik geprägt. Und wir können unser Leben im Kapitalismus nicht losgelöst von den Grundkategorien Ware, Arbeit, Geld und Wert leben. Dennoch werden bei einigem Nachdenken Zweifel wach. Wer eine Verbindung zwischen dem bisher Dargestellten und der Wirklichkeit des praktischen Lebens herzustellen versucht, wird bald erkennen, dass es einen riesigen Bereich unserer gesellschaftlichen Wirklichkeit gibt, wo diese Kategorien gewissermaßen außer Kraft gesetzt sind. Tätigkeiten in diesem Bereich sind nämlich in der Regel nicht bezahlt, also nicht Lohnarbeit. Sie schaffen keinen abstrakten Reichtum. Sie sind, ökonomisch gesehen, wertlos. Sie können nicht beliebig rationalisiert und effizienter gestaltet werden. Sie finden außerhalb der Wachstumsdiktate der Wirtschaft statt und sind doch absolut unentbehrlich. Es sind die Tätigkeiten, die herkömmlicherweise den Frauen überlassen und zugewiesen werden: Hausarbeit, Care- oder Sorgearbeit, Familien- und Kinderbetreuung, bis hin zur Schaffung einer Atmosphäre der Liebe, der Geborgenheit und Behaglichkeit für die wertschaffenden Männer. Diese Tätigkeiten werden auch in unserer Zeit zwar nicht ausschließlich, aber doch größtenteils in einer Art Frauenreservat geleistet.

Genau genommen ist das Schaffen von Wert und Mehrwert durch Lohnarbeit nur möglich auf der Basis dieser abgespaltenen Tätigkeiten »ohne Wert«. Diese sind für das Funktionieren der Warengesellschaft absolut unentbehrlich, obwohl oder weil sie selbst sich der Wertlogik entziehen. Entscheidend ist dabei, dass Wertverwertung nur möglich ist, weil gleichzeitig Tätigkeiten verrichtet werden, die nicht der Wertverwertung dienen. Wertverwertung kann nur erfolgen dank dieser Abspaltung nicht wertschaffender Tätigkeiten. Die beiden Arten von Aktivitäten, die wertschaffenden und die nicht wertschaffenden, bedingen einander gegenseitig. Sie sind die zwei Seiten der gleichen Medaille. Diese gegenseitige Bedingtheit ist eine Besonderheit des Kapitalismus. Bevor die abstrakte Arbeit und die Wert- und Warenlogik sich durchsetzten, hatte das Patriarchat ein anderes Gesicht. Die Grenze zwischen männlichen und weiblichen Tätigkeiten verlief nicht entlang der Trennungslinie zwischen wertschaffenden und nicht wertschaffenden Aktivitäten. Es gab ja keine solche Trennungslinie. Es wäre allerdings ein Missverständnis, wenn man daraus schließen wollte, in vorkapitalistischen Zeiten seien die Frauen weniger hart unterdrückt gewesen als seit dem Beginn des Kapitalismus. Aber es ist für den Kapitalismus kennzeichnend, dass sich Wert und geschlechtliche Abspaltung gegenseitig bedingen.

Auf diesen Umstand hat die Autorin Roswitha Scholz schon

früh in ihren Artikeln und Büchern hingewiesen. Sie hat das Verdienst, die fundamentale gegenseitige Bedingtheit von Wert und Abspaltung aufgedeckt, beschrieben und beharrlich kritisiert zu haben. Ihre Arbeit war besonders schwierig, weil sie in doppelter Hinsicht Aufklärungsarbeit zu leisten hatte: Erstens musste sie aufzeigen, dass das warenproduzierende System auf der Basis der Grundkategorien Ware, Arbeit, Wert und Geld eine weitgehend von Männern geschaffene und dominierte Welt ist. Und zweitens musste sie unmissverständlich darauf hinweisen, dass die Wertkritik die kapitalistische Wirklichkeit unvollständig beschrieb, solange sie die Tatsache der Abspaltung der »weiblichen« Tätigkeiten nicht in ihre Theorie einbaute. Die bisherige Wertkritik erfasste nur ungefähr die Hälfte der menschlichen Tätigkeiten – wahrscheinlich weniger als die Hälfte. Die andere Hälfte – eben die abgespaltene, den Frauen zugewiesene – galt der Wertkritik als nebensächlich. Für die an ihrer Ausarbeitung beteiligten Männer war es selbstverständlich, dass ihre Theorie geschlechtsneutral war und für alle Menschen galt. Auch in Befreiungsbewegungen – siehe Arbeiterbewegungsmarxismus! – sind Männer nicht vor dem Irrtum gefeit, Mann und Mensch sei das Gleiche. Die Tatsache, dass die Wertkritik vor allem von Männern erarbeitet worden war, war der blinde Fleck im Auge ihrer Schöpfer. Er ließ sie zuerst nicht sehen, dass in ihrer Theorie die Hälfte der Menschheit höchstens als Sonderfall vorkam. Man(n) erkannte deshalb im Kreise der Wertkritiker den Stellenwert der Abspaltungstheorie nicht auf Anhieb. Die Wertkritik war eine Männerdomäne, nicht weniger als das warenproduzierende System, das sie kritisierte.

Die Kritik der Wertkritik durch Roswitha Scholz war so fundamental und gleichzeitig so unausweichlich, dass es der Autorin gegenüber innerhalb der Bewegung grundsätzlich bloß zwei mögliche Reaktionsweisen gab: Entweder versuchte man, diese Fundamentalkritik ernst zu nehmen und in das Theoriegebäude der Wertkritik einzubauen; oder man wehrte die Kritik ab, indem man das tat, was die Warengesellschaft mit dem abgespaltenen Bereich der Frauenarbeit auch tut: Man stellte sie weiterhin als bloße Nebensache dar. Dieses unausweichliche Entweder-oder hat innerhalb der wertkritischen Bewegung, der damals überwiegend Männer angehörten, zu einer Spaltung geführt. Die Auseinandersetzung, die der Spaltung voranging, wurde als Machtkampf zwischen den beiden »Parteien« ausgetragen, in dessen Verlauf die Scholz-Gegner die Oberhand gewannen. Die Vertreter der Bewegung, die sich durch Scholz' Thesen nicht aus der Fassung bringen ließen und sie als eine notwendige Erweiterung der bisherigen Theorie ansahen, bildeten fortan eine selbstständige Gruppe. Das Kapitel »Geschichte der Wertkritik II« wird näher auf diese Vorgänge eingehen.

Wie können sich die Frauen aus der Situation befreien, die ihnen das warenproduzierende System durch die Abspaltung zuweist? Ein kurzer Blick auf die gegenwärtige gesellschaftliche Wirklichkeit zeigt, welchen Weg sie schon gewählt und mit Erfolg eingeschlagen haben: Sie fordern und erkämpfen sich in allen Bereichen der Warengesellschaft Gleichberechtigung und lassen sich aus dem Bereich der Wert schaffenden Arbeit nicht mehr ausgrenzen. Es gibt heute in der Welt der Lohnarbeit kaum noch eine Domäne, wo Frauen nicht gezeigt hätten, dass sie den Männern ebenbürtig und in mancher Beziehung überlegen sind. Sie erkämpfen sich das Recht, gleichberechtigt mit den Männern an der Schaffung des abstrakten Reichtums teilzuhaben. Aus der Sicht der Abspaltungstheorie ist diese Form der Emanzipation natürlich problematisch. Sie bedeutet ja, allen Bemühungen um Emanzipation zum Trotz, ein grundsätzliches Ja zur Wertlogik und zur Abspaltung. Hauptsache, die Frauen dürfen jetzt, was die Männer schon immer durften: an der kapitalistischen Systemlogik teilhaben und im Hamsterrad der Wertverwertung mitlaufen, »gleichberechtigt« eben. Ihre Tätigkeiten sind jetzt nicht mehr auf Haus und Herd eingegrenzt. Das ist im Hinblick auf das gute Weiterfunktionieren des Hamsterrads durchaus sinnvoll. Denn der heutige Kapitalismus kann sich die Beschränkung der Frauen auf Haushalt und Familie schlicht nicht mehr leisten. Frauen sind jetzt eben für Familie und Beruf gleichermaßen zuständig. Die geschlechtliche Abspaltung zeigt sich neu seit einigen Jahrzehnten in dieser »doppelten Vergesellschaftung« (Regina Becker-Schmidt) der Frauen. Nebenbei bemerkt, sind Männer auch heute nur selten »doppelt vergesellschaftet«, während es für Frauen in unseren Breitengraden zunehmend die Regel ist. Unnötig zu sagen, dass dies keine echte Befreiung bedeutet. Unnötig ebenfalls zu sagen, dass an die Stelle der Frauen, die es schaffen, im Hamsterrad der Wertverwertung mitzulaufen, häufig andere Frauen aus südlichen oder osteuropäischen Ländern treten, die nun die abgespaltenen Tätigkeiten verrichten.

Die radikalere Feminismusform, die in umgekehrter Richtung stößt, ist allerdings aus Sicht der Abspaltungstheorie nicht weniger problematisch. Das ist die Tendenz, den abgespaltenen Bereich zu ökonomisieren. Tätigkeiten in diesem Bereich sollen in den «Adelsstand der Arbeit» (Gruppe Krisis 1999: Kapitel 14) erhoben werden; sie werden in Lohnarbeit, also abstrakte Arbeit, umdefiniert und immer stärker zu einem Teil der Wirtschaft unter Rentabilitäts- und Wachstumszwang gemacht. So wird der abgespaltene, den Frauen zugeordnete Teil der menschlichen Tätigkeiten zwangsweise immer mehr in die Systemlogik des Kapitalismus integriert. Tätigkeiten, die bisher als Nebensache galten und schlecht oder gar nicht bezahlt wurden, können durch diese zunehmende Ökonomisierung eine Anerkennung gewinnen, die sie vorher nicht hatten. Aber das ist nur auf der Basis einer grundsätzlichen Zustimmung zur Wert- und Warenlogik möglich. Frauen erringen Anerkennung und Gleichberechtigung innerhalb des warenproduzierenden Systems, indem sie auch für den ihnen herkömmlicherweise zugewiesenen, abgespaltenen Bereich diskussionslos die Basis der Grundkategorien Ware, Arbeit, Wert und Geld akzeptieren. Eine wirkliche Befreiung der Frauen vom Joch der abgespaltenen Tätigkeiten müsste jedoch eine grundsätzlich andere Richtung einschlagen. Sie wäre untrennbar verbunden mit der Befreiung der Menschen – Männer und Frauen – vom Joch der abstrakten, Wert schaffenden Arbeit. So wie Wert und Abspaltung sich gegenseitig bedingen, so bedingen sich auch die beiden Seiten der gesellschaftlichen Befreiung.

Die in der Wertkritik arbeitenden Männer und Frauen, die mit Roswitha Scholz der Meinung waren, die Abspaltungstheorie sei nicht als bloßer Zusatz zur Wertkritik, sondern als deren integrierender Bestandteil anzusehen, nannten ihre Kritik fortan nicht mehr Wertkritik, sondern »Wertabspaltungskritik«. Diese Bezeichnung hat sich im Laufe der Jahre durchgesetzt. Ein weniger sperriger Ausdruck steht leider einstweilen nicht zur Verfügung. In den folgenden Kapiteln dieses Buchs wird, der jeweiligen Situation entsprechend, bald von Wertkritik, bald von Wertabspaltungskritik die Rede sein.

Geschichte der Wertkritik I: Drei Autoren – ein Thema

Wie in den vorangehenden Kapiteln angedeutet, verdankt die Wertabspaltungskritik ihre Entstehung nicht einem einmaligen kreativen Akt. In ihrer heutigen Form ist sie das Ergebnis einer Jahrzehnte dauernden kollektiven Denkarbeit. Mehrere Dutzend Autorinnen und Autoren hatten und haben immer noch teil an ihrer Erarbeitung. Ihre Geschichte böte genügend Stoff für ein umfangreiches Buch und kann in diesem Kapitel und dem folgenden nur in Skizzenform dargestellt werden. Drei Besonderheiten kennzeichnen sie: erstens die Tatsache, dass die Anfänge der Wertkritik in den Achtzigerjahren sich in den Werken dreier Autoren fanden, die voneinander praktisch nichts wussten, aber in ihrem Denken zu ähnlichen Ergebnissen kamen: Robert Kurz in Deutschland, Jean-Marie Vincent in Frankreich, Moishe Postone in den USA; zweitens die sehr fruchtbare, wenn auch konfliktgeladene Arbeit der deutschen wertkritischen Gruppen; drittens die rasche Ausbreitung wertkritischer Ideen in Europa, Nord- und Südamerika nach der Jahrtausendwende.

Die Anfänge der wertkritischen Bewegung könnte man sich diskreter nicht vorstellen: Im März 1986 veröffentlichte ein bis dahin unbekannter deutscher Autor in der ersten Nummer einer kleinen neuen Zeitschrift – Auflage 500 Exemplare – einen kapitalismuskritischen Artikel, dessen Brisanz damals kaum jemand verstand. Das Thema interessierte sichtlich niemanden.

Der Text blieb ohne Echo. Er stieß nicht einmal auf Ablehnung. Das war der Beginn. Der 43-jährige Autor hieß Robert Kurz, die Zeitschrift *Marxistische Kritik* kam in Nürnberg heraus. Titel des Artikels: *Die Krise des Tauschwerts* (Kurz 1986). Darin warf der Autor der gesamten Linken Blindheit gegenüber der Ursache ihrer eigenen Schwäche vor: Die Linke verstehe genau den Teil des marxschen Werks nicht, dessen Aktualität sich überhaupt erst in der Gegenwart zeige. Sie könne deshalb auch nicht verstehen, dass ihre eigene Kapitalismuskritik zum Scheitern verurteilt sei, weil sie auf den gleichen Kategorien aufbaue wie der Kapitalismus selbst.

Schon in der zweiten Nummer der *Marxistischen Kritik* wurde die Redaktionsgruppe um Robert Kurz noch deutlicher. Sie gab zu verstehen, dass sie sich nicht als marxistische Gruppe sah, die an einer überlebten Ideologie um jeden Preis festhalten wollte, sondern als erste Vertreterin eines neuen gesellschaftlichen Denkens. Sie wollte eine radikale Kritik von Ware und Geld leisten und sich damit absetzen von einer Linken, die nicht einmal ihre eigene Lage verstand und die die Warenproduktion nicht aufheben, sondern »menschlicher« und »ökologischer« gestalten wollte.

Fünf Jahre später veröffentlichte Robert Kurz sein schon erwähntes erstes Buch, *Der Kollaps der Modernisierung* (Kurz 1991). Damit gelang ihm der Durchbruch nicht nur als allgemein anerkannter Autor, sondern als wichtigster Vertreter der Wertkritik. Kurz zeigte in diesem Buch, dass der bis zum Berliner Mauerfall »real existierende Sozialismus« im Grunde nur eine Variante des warenproduzierenden Systems namens Kapitalismus war, weil er auf den gleichen Grundkategorien aufbaute wie dieser. Der von Staates wegen verordnete Sozialismus im Ostblock und in vielen Entwicklungsländern ist Kurz zufolge am unlösbaren Problem der »nachholenden Modernisierung« gescheitert: Keine Volkswirtschaft kann notwendige Etappen der Durchsetzungsgeschichte des Kapitalismus zwischen der bäuerlichen Subsistenzwirtschaft und der modernen Marktwirtschaft einfach überspringen, wie es seit 1917 in Osteuropa und der »Dritten Welt« unzählige Male erfolglos versucht wurde. Der jeweilige globale Stand der Arbeitsproduktivität und der sich daraus ergebende Konkurrenzdruck erwiesen sich für die jungen sozialistischen Volkswirtschaften als unüberwindliche Hürden, an denen sie scheitern mussten. Aber genau dieses Erfolgsgeheimnis des Kapitalismus, nämlich die weltweit unaufhörlich steigende Arbeitsproduktivität, ist das Übel, an dem er zugrunde gehen wird. Die abstrakte Arbeit als Quelle des Wohlstands enthält ein zerstörerisches Moment, das den scheinbar siegreichen Kapitalismus ebenso bedroht wie die untergegangenen Staatssozialismen. So weit Kurz.

Praktisch zur gleichen Zeit erarbeitete der kanadische Intellektuelle Moishe Postone eine Neuinterpretation des Werks von Karl Marx. Die Ergebnisse seiner Arbeit veröffentlichte er 1993 in seinem bekanntesten Buch *Time, Labor and Social Domination,* das 2003 in deutscher Übersetzung erschien (*Zeit, Arbeit und gesellschaftliche Herrschaft*) (Postone 2003). Postones Erkenntnisse deckten sich im Wesentlichen mit denjenigen von Robert Kurz. Ihr Kern lässt sich in einem Satz zusammenfassen: Was wir gemeinhin unter Arbeit verstehen, ist nicht eine überhistorische Gegebenheit, die immer zum menschlichen Leben gehört hat, sondern eine Besonderheit der geschichtlichen Epoche, die wir Kapitalismus nennen. Postone hat auch gezeigt, dass die Darstellung der Arbeit bei Marx *nicht positiv, sondern kritisch* gemeint war. Eine Überwindung des Kapitalismus durch die Arbeiterklasse ist Postone zufolge eine Illusion (vgl. Postone 2003: 473ff.).

1987 publizierte der französische Philosoph und Politologe Jean-Marie Vincent sein Werk *Critique du travail* (Vincent 1987). Er zeigte darin, dass die Menschen die Arbeit zwar von der Herrschaft des Kapitals befreien müssen, dass sie aber auch sich selbst von der Arbeit befreien müssen. Dieses Buch ist trotz gewichtiger Unterschiede gewissermaßen das französische Gegenstück zu den Werken von Postone und Kurz.

Geschichte der Wertkritik II: Die Entwicklung in Deutschland

Während Vincent und Postone an Universitäten tätig waren, haben sich Robert Kurz und allgemein die deutsche Wertkritik von Anfang an bewusst vom akademischen Betrieb ferngehalten. Sie glaubten nicht an die Möglichkeit, ihre radikale Kapitalismuskritik zu einem Thema der universitären Forschung zu machen. In der deutschen Gruppe ist die Wertkritik in den folgenden Jahren zur Wertabspaltungskritik entwickelt worden. Aber auch unter anderen Aspekten bauten die Leute um Robert Kurz ihre Gesellschaftstheorie zielstrebig aus. Ihre umfangreiche Arbeit leistete die Gruppe übrigens in einem atemberaubenden Tempo. Insbesondere Robert Kurz entfaltete als Autor von Artikeln und Büchern bis zu seinem Tod 2012 eine fast unglaubliche Schaffenskraft. Hinterher mutet es an, als ob er geahnt hätte, dass seine Zeit knapp bemessen war. Was in den Achtzigerjahren als Versuch einer Neuinterpretation des marxschen Werks begonnen hatte, wurde so in einem Vierteljahrhundert zu einer faszinierenden Theorie und Kritik der globalen kapitalistischen Gesellschaft. Wer die gegenwärtige Krise verstehen möchte, sollte diese Kritik ebenso zur Kenntnis nehmen wie all jene, die nicht tatenlos zuschauen wollen, wie der Kapitalismus die Menschheit in die Katastrophe reißt. Es lohnt sich, einen Blick auf die kurze und bewegte Geschichte der Wertkritik in Deutschland zu werfen, bevor wir uns in den folgenden Kapiteln ihren verschiedenen Aspekten zuwenden.

Robert Kurz, als junger Mann Mitglied des *Kommunistischen Arbeiterbundes Deutschlands KABD*, hatte schon Jahre vor der Gründung der Zeitschrift *Marxistische Kritik* den herkömmlichen Marxismus kritisiert und war deshalb aus dem KABD ausgeschlossen worden. 1986 erschien sein schon erwähnter Artikel *Die Krise des Tauschwerts*, in dem er der gesamten Linken Blindheit in Bezug auf ihre eigene Lage vorwarf. 1988 veröffentlichte Kurz ein erstes wertkritisches Manifest: *Auf der Suche nach dem verlorenen sozialistischen Ziel* (Kurz 1988). Dieser Text wirkt im Rückblick wie eine Zusammenfassung dessen, was Kurz in den folgenden vierundzwanzig Jahren noch in Einzelheiten erarbeitet hat. Es ist ein Appell an die Linke, sich endlich zu einer fundamentalen Kritik der Warenproduktion zu entschließen. Was das praktisch heißen kann, wurde 1989 klarer. Robert Kurz und Ernst Lohoff publizierten in der Nummer 7 der *Marxistischen Kritik* einen Artikel, der in der Welt des Marxismus als Skandal wirken musste. Unter dem Titel *Der Klassenkampf-Fetisch* (Kurz/Lohoff 1989) legten sie dar, dass eine Überwindung des Kapitalismus nicht als Sieg der Arbeiterklasse über die Kapitalistenklasse gedacht werden kann, sondern nur als Bruch mit den Kategorien Wert, Geld und Arbeit.

Nach diesem aufsehenerregenden Bruch mit dem marxistischen Dogma des Klassenkampfs nannte sich die Zeitschrift von 1990 an *Krisis*. Den Fall der Berliner Mauer 1989 deutete die *Krisis*-Gruppe nicht als Sieg der Marktwirtschaft über den »real existierenden Sozialismus«. Im Editorial der ersten *Krisis*-Nummer steht der Satz: »Die Krise des Realsozialismus steht nicht für sich allein, sie ist selber nur ein Moment der Krise des warenproduzierenden Weltsystems überhaupt« (Krisis 8/9: 4). 1991 führte Robert Kurz im schon erwähnten Buch *Der Kollaps der Modernisierung* aus, wie das zu verstehen ist: Der Kapitalismus kann sein selbstzerstörerisches Moment nicht loswerden und sollte sich hüten, den Untergang des Sozialismus als Beweis seiner eigenen Überlegenheit zu deuten.

1992 wurde die wertkritische Theorie um einen folgenreichen Beitrag erweitert: Roswitha Scholz publizierte in der *Krisis* ihren grundlegenden abspaltungstheoretischen Artikel *Der Wert ist der Mann* (Scholz 1992). Dieser Text hatte für die Gruppe weitreichende Konsequenzen: Der bis dahin dezidiert antifeministische Robert Kurz vollzog eine Richtungsänderung und arbeitete fortan solidarisch mit Roswitha Scholz an der Weiterentwicklung dessen, was bald die Wertabspaltungskritik heißen sollte. Andere Männer waren zurückhaltender und maßen der Abspaltungstheorie nicht die fundamentale Bedeutung zu, die sie in den Augen von Scholz und Kurz hatte. Dazu kamen im gruppeninternen Umgang latente Konflikte, deren Bedeutung die beteiligten Personen vielleicht nicht klar genug erkannten. Der Spaltpilz wirkte jedenfalls über Jahre hinweg und sollte schließlich lange Zeit später zur Spaltung der Gruppe führen.

Einstweilen arbeitete die Gruppe aber zielstrebig weiter an der Entwicklung ihrer Theorie und an der Verbreitung ihres Gedankenguts. 1996 wurde in Wien die wertkritische Zeitschrift *Streifzüge* gegründet, die bis heute besteht. 1998 entstand eine weitere Zeitschrift, *Karoshi*[10], die zuerst von der *Krisis*-Gruppe unterstützt wurde. Wenig später entpuppte sich *Karoshi* aber als postmodernes Trendprodukt. Die Zeitschrift wurde von *Krisis* nicht mehr mitgetragen und stellte nach wenigen Nummern ihr Erscheinen ein.

Nun folgten Schlag auf Schlag gewichtige Publikationen. 1999 veröffentlichte die Gruppe ihr *Manifest gegen die Arbeit* (Gruppe Krisis 1999). Der Text beginnt parodistisch im Tonfall der Anfangssätze des *Kommunistischen Manifests* von Marx und Engels (1848): »Ein Leichnam beherrscht die Gesellschaft – der Leichnam der Arbeit. Alle Mächte rund um den Globus haben sich zur Verteidigung dieser Herrschaft verbündet: Der Papst und die Weltbank, Tony Blair und Jörg Haider, Gewerkschaften und Unternehmer, deutsche Ökologen und französische Sozialisten. Sie alle kennen nur eine Parole: Arbeit, Arbeit, Arbeit!« Und er endet mit einer bewussten Provokation für den Arbeiterbewegungsmarxismus: »Proletarier aller Länder, macht Schluss!« Das Manifest wurde von den Medien nicht zur Kenntnis genommen. Es stellte einen zu krassen Tabubruch dar. Aber mit zunehmender zeitlicher Distanz muss es als beklemmend realistische Darstellung der Arbeitswelt gelesen werden. Die verschiedenen Aspekte der Warengesellschaft, wie sie die *Krisis*-Gruppe bis dahin untersucht und dargestellt hatte, werden in diesem Text in Kurzform gezeigt. Im gleichen Jahr gab die Gruppe den Sammelband *Feierabend! Elf Attacken gegen die Arbeit* (Kurz/Lohoff/Trenkle [Hg.] 1999) heraus. Und Robert Kurz publizierte als Antwort auf den französischen

10 Das japanische Wort »Karoshi« bedeutet »Tod durch Überarbeitung«.

Sammelband *Das Schwarzbuch des Kommunismus* sein 900 Seiten starkes *Schwarzbuch Kapitalismus* (Kurz 1999b), das zu einem Bestseller wurde. 2000 folgte Roswitha Scholz' grundlegendes Werk *Das Geschlecht des Kapitalismus* (Scholz 2000), während Robert Kurz den Band *Marx lesen* (Kurz 2000) veröffentlichte. Dieser sollte interessierten Leserinnen und Lesern die Teile von Marx' Werk näherbringen, die der Arbeiterbewegungsmarxismus vernachlässigt oder unterschlagen hatte.

Zur Jahrtausendwende konnte die Gruppe feststellen, dass sie einige grundlegende Arbeiten geleistet hatte: Sie hatte die Werttheorie von Marx zu einer Wertkritik weiter entwickelt. Sie hatte die historische Bedingtheit der Grundkategorien Ware, Arbeit, Wert und Geld klar sichtbar gemacht. Und sie hatte die geschlechtliche Abspaltung als Grundtatsache des warenproduzierenden Systems erkannt und dargestellt. Insgesamt waren diese ersten fünfzehn Jahre die Phase der Distanzierung vom traditionellen Marxismus.

Nun wandte sich die Gruppe einerseits der entscheidenden Bedeutung der europäischen Aufklärung für die Durchsetzungsgeschichte der abstrakten Arbeit zu. Dabei wagte sie einen Tabubruch, der wohl nicht möglich gewesen wäre, wenn sie sich nicht bewusst vom Universitätsbetrieb ferngehalten hätte: Sie machte ihre Aufklärungsstudien zu einer radikalen Kritik der Aufklärung, also der bis heute gültigen ideologischen Grundlage der westlichen und damit der globalen Gesellschaft. (Das Kapitel »Alle sind gleich, einige sind gleicher« geht darauf näher ein.) Sie widmete sich andererseits dem damals besonders aktuellen Thema Krieg und zeigte, dass die Globalisierung identisch ist mit der gewaltsamen Durchsetzung der Warenlogik seit Beginn der neoliberalen Ära. Diese nahm immer öfter die Form von Weltordnungskriegen und »Menschenrechtskriegen« an, die von der rot-grünen Linken mitgetragen wurden. In diesem Zusammenhang musste sich die *Krisis*-Gruppe mit einer Bewegung auseinandersetzen, die zuerst in der Nähe der Wertkritik gestanden hatte, die sich dann aber zu einer extrem prowestlichen Bewegung von Kriegsbefürwortern wandelte: der Bewegung der *Antideutschen* um die Zeitschrift *Bahamas* und die *Initiative Sozialistisches Forum (ISF)*. Im Zentrum aller dieser Auseinandersetzungen (Aufklärungskritik, Kritik der Weltordnungskriege und Konflikt mit den Antideutschen) stand immer Robert Kurz. Man kann vermuten, dass er sich mit seiner unglaublich reichen Textproduktion und seinem oft polemischen Stil auch innerhalb der wertkritischen Bewegung einige Neider und Gegner schuf und sich diesen gegenüber oft taktlos verhielt. 2003 erschienen von ihm *Weltordnungskrieg* (Kurz 2003a) und *Die antideutsche Ideologie* (Kurz 2003b). 2004 folgte das Buch *Blutige Vernunft* (Kurz 2004), eine Sammlung seiner vorher schon einzeln publizierten aufklärungskritischen Texte.

In diesen Jahren wurden die Spannungen innerhalb der *Krisis*-Gruppe immer stärker und führten schließlich 2004 zur Spaltung. Für Außenstehende sind nicht alle Gründe klar einsehbar. Offensichtlich ging es einerseits um sachliche Differenzen, andererseits um persönliche Unverträglichkeiten. Die dominierende Persönlichkeit von Robert Kurz, seine gewaltige Textproduktion, sein streitbarer Charakter, die selbstbewusste Feministin Roswitha Scholz im »Männerklub« – dies alles erlebten einige Mitglieder offenbar zunehmend als unzumutbare Belastung. Das hat zu den Vorgängen geführt, die oft als Trennung oder Spaltung bezeichnet werden. In Wirklichkeit war es ein sorgfältig vorbereiteter und im Rahmen des deutschen Vereinsrechts durchgeführter Rauswurf von Kurz und Scholz.[11]

Die Gruppe um Robert Kurz und Roswitha Scholz reagierte umgehend mit der Gründung der neuen Zeitschrift *EXIT!* Schon fünf Monate nach dem Neustart erschien im Juli 2004 die erste Nummer. Der Konflikt zwischen *Krisis* und *EXIT!* setzte sich nach der Spaltung fort. Die *Krisis*-Gruppe wollte die zahlreichen Texte, welche die *EXIT!*-Leute bis dahin auf der

11 Der Konflikt wurde vor und nach der Spaltung mit äußerster Heftigkeit ausgetragen und war offensichtlich für alle Beteiligten schwer auszuhalten. Ein Studium der verfügbaren schriftlichen Quellen ist unergiebig und zeigt im Wesentlichen nur, dass die Situation 2004 auf dem Höhepunkt des Konflikts nach jahrelangen Streitigkeiten so verfahren war, dass eine Verständigung ausgeschlossen schien.

Krisis-Website publiziert hatten, dort belassen. Dies wurde ihr von *EXIT!* verboten. Die Texte wurden auf die *EXIT!*-Website transferiert und sind jetzt dort zugänglich. Die *EXIT!*-Gruppe brachte ihre Zeitschrift in einem raschen Rhythmus heraus und veröffentlichte parallel dazu mehrere Bücher. Neue Mitglieder in der *EXIT!*-Redaktion sorgten zudem für eine Verjüngung der Gruppe. Die *EXIT!*-Leute gingen jetzt nur noch auf *Krisis* ein, wenn sie *Krisis*-Texte kritisierten, wobei die Kritik zumeist zum Verriss geriet. Die *Krisis*-Leute ihrerseits übergingen die Arbeit von *EXIT!* meist mit Schweigen.

Es zeigte sich bald, dass man bei *Krisis* zwar fortan ohne interne Konflikte arbeiten konnte; aber die Einbuße an kreativen Kräften, die die Gruppe erlitten hatte, war vermutlich nicht leicht zu verkraften. Immerhin ist hier zumindest die Publikation eines gewichtigen Werks der *Krisis*-Mitglieder Ernst Lohoff und Norbert Trenkle zu nennen: *Die große Entwertung* (Lohoff/Trenkle 2012) befasst sich mit der Entwicklung der Finanzindustrie und hat international große Beachtung gefunden. Beide Gruppen, *Krisis* und *EXIT!*, arbeiten zudem bis heute intensiv an der Verbreitung des wertkritischen Gedankenguts. Einige ihrer Mitglieder halten zahlreiche Vorträge, und Jahr für Jahr organisiert jede Gruppe mindestens ein für Außenstehende offenes Seminar. Neben *EXIT!* und *Krisis* besteht auch die Wiener Zeitschrift *Streifzüge* weiter. Sie hat sich zu einem Magazin mit vornehmlich kürzeren, eher praxisbezogenen Beiträgen entwickelt. Im Unterschied zu *EXIT!* und *Krisis* erhebt sie nicht mehr den Anspruch, die wertkritische Theorie weiterzuentwickeln.

2012 starb Robert Kurz völlig unerwartet an den Folgen einer Operation. Wenige Tage nach seinem Tod erschien sein letztes Buch, *Geld ohne Wert* (Kurz 2012). Er hat es wohl nicht als das Vermächtnis gesehen, das es durch seinen Tod geworden ist. Es ist aber in der Geschichte der Wertabspaltungskritik ein ebenso bedeutender Meilenstein wie sein erstes Buch, *Der Kollaps der Modernisierung.* Es geht um eine, wie Kurz es formulierte, »grundlegende [...] Neuinterpretation der Kritik der politischen Ökonomie in einer Art Übersicht oder Gesamtschau« (Kurz 2012: 7). Er sah das Werk als ersten Band eines geplanten großen Werks unter dem Titel *Tote Arbeit*. Er beabsichtigte, eine mehrbändige Kritik der politischen Ökonomie unserer Zeit zu schreiben. Glücklicherweise hat er den ersten Band, *Geld ohne Wert*, nach seinen eigenen Worten als »Skizze« konzipiert, als eine Vorschau auf das, was er in den folgenden Bänden im Einzelnen noch entwickeln wollte. *Geld ohne Wert* ist ein grundlegendes, aber schwieriges Werk. Man kann es nur langsam lesen. Es vermittelt eine gute Vorstellung von der geistigen Potenz dieses Autors.

Robert Kurz hatte in der Entwicklung der Wertabspaltungskritik eine so entscheidende Rolle gespielt, dass ein Stillstand in dieser Entwicklung nach seinem Tod nicht überrascht hätte. Aber die *EXIT!*-Gruppe erwies sich als erstaunlich krisenresistent. Die Ablösung älterer Kräfte durch jüngere hatte in diesem Team offensichtlich funktioniert. *EXIT!* arbeitet bis heute erfolgreich an der weiteren Entwicklung der Gesellschaftstheorie, die Robert Kurz 1986 begonnen hatte.

Ganz offensichtlich gewinnt die Bewegung in beiden Varianten gegenwärtig an Tiefe und Breite. In den letzten Jahren hat sie sich stark internationalisiert. Texte sowohl von *EXIT!* als auch von *Krisis* erscheinen in anderen Sprachen. Es gibt heute eine Fülle von Gruppen, Zeitschriften und Websites zur Verbreitung wertkritischen Gedankenguts in vielen Sprachen. In Deutschland und Österreich sind immer mehr wertabspaltungskritische Lesekreise aktiv. In Frankreich trifft sich seit einiger Zeit regelmäßig eine wertkritische Gruppe zu Diskussionen in und außerhalb von Paris. 2007 wurde die französische Website *Critique de la valeur-dissociation* aufgeschaltet. 2012 bis 2017 führte der in mehreren Sprachen lehrende und publizierende Wertkritiker Anselm Jappe in Paris ein für alle zugängliches wertkritisches Seminar durch. Es wäre zwar vermutlich noch verfrüht, von einer internationalen wertkritischen Bewegung zu sprechen. Aber die Verbreitung des wert- und wertabspaltungskritischen Gedankenguts in Europa, Nord- und Südamerika scheint rasch voranzukommen. Und bei aufmerksamer Lektüre linker Publikationen kann man ein allmähliches diskretes Einsickern wertkritischer Ideen in den linken Mainstream wahrnehmen, obwohl wert- und wertabspaltungskritische Texte dort nach wie vor kaum zitiert werden.

Die Grenzen des Wachstums, wertkritisch gesehen

In den vorangehenden Kapiteln wurde schon mehrmals ein Gedanke ausgeführt, den die meisten wertkritischen Autorinnen und Autoren als besonders wichtigen Bestandteil ihrer Theorie ansehen: die These, dass das warenproduzierende System bei der Schaffung von abstraktem Reichtum an eine innere Schranke stoßen muss. Diese innere Schranke ist der Wertkritik zufolge logisch, sie ist absolut und sie ist historisch. Logisch ist sie, weil sie, wie schon erwähnt, auf dem Kapital als dem »prozessierenden Widerspruch« beruht, von dem Marx in den *Grundrissen* spricht (MEW 42: 601). Das Kapital schüttet die Quelle zu, von der es lebt (vgl. Ortlieb 2009: 25f.). Absolut ist die Schranke, weil sie durch die Natur des Systems gegeben ist und sich nur gleichzeitig mit diesem System »abschaffen«, aber nicht vermeiden oder hinausschieben lässt. Historisch, also einer geschichtlichen Epoche zuzuordnen, ist sie, weil die Geschichte des Kapitalismus im Wesentlichen die Geschichte seiner Produktivitätssteigerungen ist, die sich nicht rückgängig machen lassen. Die innere Schranke ist nicht bloß ein theoretisches Konstrukt. Sie ist durch den selbstzerstörerischen Charakter des warenproduzierenden Systems gegeben. Und sie liefert eine einleuchtende Erklärung der wirtschaftlichen, politischen, sozialen und ökologischen Verwerfungen der Gegenwart. So die wertkritische These.

Hierin liegt einer der Gründe, weshalb man der Wertkritik von allen Seiten mit schroffer Ablehnung begegnet. Das klingt von rechts her etwa so: »Der Kapitalismus hat sich bisher aus allen Krisen gerettet dank seiner Fähigkeit zur Selbstreinigung. Was zuerst als Krise und Zerstörung erscheint, erweist sich im Laufe der Zeit immer als Selbstheilung und Neuschöpfung. Keine ›absolute innere Schranke‹ kann ihn an seinem erfolgreichen Fortschreiten hindern. Das hat zum Beispiel der eindrucksvolle Aufstieg der Finanzindustrie gegen Ende des zwanzigsten Jahrhunderts gezeigt, den vor einigen Jahrzehnten noch niemand für möglich gehalten hätte.« In dieser Argumentation steckt wohl eine gehörige Portion beschwörendes Wunschdenken. Was nicht sein darf, kann gar nicht sein, und bisher war es ja auch immer anders. Und von links her klingt die Kritik an der These von der inneren Schranke etwa so: »Der Untergang des Kapitalismus wurde immer wieder von vereinzelten antikapitalistischen Autorinnen und Autoren vorausgesagt; aber eingetroffen ist er nie. Der Kapitalismus kann nicht an eine innere Schranke stoßen und untergehen; aber er kann und muss besiegt und überwunden werden. Das ist die historische Aufgabe der Linken. Und daran gilt es zu arbeiten.« Diese Sichtweise ist ein Erbe des Fortschrittsglaubens im traditionellen Marxismus. Dieser sah im Fortschreiten der Menschheit vom Feudalismus über den Kapitalismus zum Sozialismus eine historische Notwendigkeit, die es nur zu erkennen und umzusetzen galt. Die Wertkritik ist weit entfernt von solchem Denken.

Je nach Standpunkt wird man die Einwände gegenüber der These von der inneren Schranke als mehr oder weniger überzeugend einstufen. Aus zwei Gründen sollten wir uns diese These aber aus der Nähe ansehen: Erstens leistet die Wertkritik allgemein eine beeindruckende analytische Durchdringung der Warenlogik, die ihre Kritiker von links und rechts gerade vermissen lassen. Wer die wertkritische Theorie insgesamt überzeugend findet, aber dieses Kernstück der Wertkritik, eben die These von der inneren Schranke, ablehnt, sollte also wissen, weshalb er oder sie das tut. Und zweitens kann man die nunmehr vierzigjährige neoliberale Phase des Kapitalismus zwanglos als Bestätigung dieser These deuten. Neoliberal formatierte Wirtschaft und Politik haben den krisengeschüttelten Niedergang des warenproduzierenden Systems so wenig aufhalten können wie keynesianisch inspirierte.

Aber bevor wir uns die Theorie genauer ansehen, ist eine Zwischenbemerkung nötig: Nicht alle wertkritischen Autoren vertreten diese These. Es gibt Wertkritiker, die sich zur Frage der inneren Schranke kaum geäußert haben, weil ihr Erkenntnisinteresse woanders liegt. Das gilt vor allem für Moishe Postone. Dieser Autor hat das Verdienst, schon einige Jahre vor Robert Kurz erkannt zu haben, dass die abstrakte Arbeit bei Marx keine allgemein menschliche, überzeitliche Erscheinung ist, sondern zur kurzen Geschichte des Kapitalismus gehört und, Marx zufolge, mit dem Kapitalismus wieder verschwinden wird. Postone war mit dieser Einsicht lange Zeit allein und hat seine Isolierung tapfer durchgestanden, bis seine Erkenntnisse nach etwa zehn Jahren endlich auf Interesse und Verständnis stießen. Er hat auch früh darauf hingewiesen, dass die tiefste Ursache der gegenwärtigen ökologischen Krise im Wesen des kapitalistischen Wirtschaftens liegt. Hingegen hat er sich in Bezug auf die innere Schranke nur sehr zurückhaltend geäußert.

Um die These von der inneren Schranke nachvollziehen zu können, müssen wir uns zuerst daran erinnern, dass das warenproduzierende System die Menschheit im Laufe der Jahrhunderte in einen immer und überall wirkenden Konkurrenzkampf gestürzt hat: Unternehmer arbeiten in Konkurrenz zu anderen Unternehmern; Wirtschaftsnationen kämpfen gegen andere Wirtschaftsnationen um die regionale oder globale Führungsrolle; Regionen und Städte wollen sich im Wettbewerb mit anderen Regionen und Städten einen »Standortvorteil« erringen; Krankenhäuser, Universitäten und Schulen ringen um einen möglichst guten Platz auf nationalen oder globalen Ranglisten. Und auch diejenigen, die man in einer orwellschen Begriffsverdrehung »Arbeitnehmer« nennt im Unterschied zu den »Arbeitgebern«, stehen mit ihresgleichen in einem gnadenlosen Kampf um Arbeitsplätze. Dieser Zwang zum Wettbewerb hat sich mittlerweile auf alle Gesellschaftsbereiche ausgedehnt. Das nächste Kapitel ist dem bestimmenden Einfluss des Konkurrenzzwangs auf die gesamte Gesellschaft gewidmet. Aber sehen wir uns zuerst nur den Konkurrenzkampf zwischen Unternehmern näher an.

Wie kann man als Unternehmer im Wettbewerb bestehen? Indem man »wettbewerbsfähige« Produkte herstellt. Das sind

Produkte, deren Gebrauchswert demjenigen der Konkurrenzprodukte zumindest ebenbürtig scheint und deren Herstellungskosten mittel- und langfristig nicht höher liegen dürfen als die Herstellungskosten der Konkurrenz. Ein Unternehmer, dem es gelingt, sein Produkt zu geringeren Kosten herzustellen als die Konkurrenz, verschafft sich dadurch einen Wettbewerbsvorteil. Aber wie kann er die Herstellungskosten für sein Produkt senken? Die Antwort auf diese Frage finden wir in einer alltäglichen Beobachtung: Er kann das tun, indem er die Arbeitsproduktivität in seinem Unternehmen erhöht. Praktisch bedeutet das, dass er immer danach trachten muss, die gleiche oder eine größere Menge von Waren mit weniger Arbeit, also mit weniger Arbeitenden und Angestellten zu produzieren als seine Konkurrenten. Wenn ihm das gelingt, kann er sein Produkt auf dem Markt zu einem geringeren Preis verkaufen als die Konkurrenz. Diese muss nun versuchen, ihrerseits die Arbeitsproduktivität zu erhöhen, indem auch sie den Anteil der Lohnkosten an den Herstellungskosten senkt. Wem das nicht gelingt, der verschwindet über kurz oder lang vom Markt. Wem es gelingt, der erweist sich als wettbewerbsfähig. Und die nächste Runde im Konkurrenzkampf kann beginnen.

Rufen wir uns in Erinnerung, was dies in der Sprache der marxschen Werttheorie heißt: Im Konkurrenzkampf müssen auf allen Ebenen, branchenintern und branchenübergreifend, regional, national und global immer mehr Gebrauchswerte – mehr stofflicher Reichtum – erzeugt werden, damit die Masse des dadurch geschaffenen Werts – des abstrakten Reichtums – nicht sinkt. Oder anders herum: Die Schaffung von abstraktem Reichtum ist im Konkurrenzkampf notwendigerweise an die Schaffung einer immer größeren Menge stofflichen Reichtums gekoppelt. Wenn zum Beispiel in der Automobilproduktion kurz vor oder kurz nach dem Ersten Weltkrieg ganze Heerscharen von Arbeitern eine relativ bescheidene Anzahl von Fahrzeugen herstellten, so produzieren heute umgekehrt verhältnismäßig wenige Arbeiter Millionen von Automobilen.

Diese Entwicklung lässt sich grundsätzlich in allen Produktionszweigen weltweit beobachten. Sie ist dem schon genannten »prozessierenden Widerspruch« geschuldet. Sie bedeutet, dass die gesamte durch Arbeit geschaffene Wertmasse abschmelzen muss, wenn es nicht gelingt, dieses Abschmelzen durch die Erschließung neuer Märkte einerseits und durch die Schaffung neuer Produkte für den Massenkonsum andererseits aufzufangen. Und ebendiese Möglichkeit scheint nicht unbegrenzt zu sein. Die Erschließung neuer Märkte ist vermutlich im Rahmen der sogenannten Globalisierung beinahe abgeschlossen. Und neue Produkte für den Massenkonsum sind nicht in Sicht – mit einer Ausnahme: Die »mikroelektronische Revolution« hat es möglich gemacht, dass wachsende Teile der Weltbevölkerung sich mit Computern und Handys ausstatten. Aber diese Revolution – es ist die dritte industrielle Revolution – hat zuerst einmal dafür gesorgt, dass die Arbeit beschleunigt aus den Produktionsprozessen eliminiert wird. Mit einer Mischung aus Bewunderung, Stolz und kulturkritischer Skepsis sprechen die Medien von der Tatsache, dass eine wachsende Anzahl von Firmen ihr Personal durch Computer und Roboter ersetzt. Was dies letztlich bedeutet – abgesehen vom epidemisch sich ausbreitenden Phänomen der Massenarbeitslosigkeit –, das kann man nur verstehen, wenn man die grundsätzliche Unterscheidung von Wert und Gebrauchswert, von abstraktem und stofflichem Reichtum nicht vergisst. Immer mehr stofflicher Reichtum muss durch das Nadelöhr der Schaffung von abstraktem Reichtum gepresst werden. Immer mehr Gebrauchswerten steht immer weniger Wert gegenüber. Der abstrakte Reichtum, die durch abstrakte Arbeit geschaffene Wertmasse, schmilzt immer weiter ab. Die kapitalistische Warenproduktion untergräbt unaufhaltsam den Boden, auf dem sie wachsen muss.

Die Wertkritik sieht diesen unaufhaltsamen Abstieg des Schaffens von Wert in der Warenproduktion nicht als schlagartigen Kollaps. Es wird für den Kapitalismus keinen Tag des Jüngsten Gerichts geben, an dem alles zu Ende ist. Der Niedergang erfolgt vielmehr in Form einer schleichenden Krise, eines stoßweisen Vor und Zurück, mit Abstürzen, scheinbaren

Erholungsphasen und darauf folgenden neuen Abstürzen. Über die Dauer dieses krisenhaften Niedergangs äußern sich wertkritische Autorinnen und Autoren nur sehr zurückhaltend. Als sicher gilt ihnen aber, dass es in dieser Krise keinen Wendepunkt geben wird, keine Talsohle, aus der schließlich ein Aufstieg zu einer neuen Blüte führen könnte. Der Abstieg wird zum Ende des warenproduzierenden Systems führen, das nur ein Ende mit Schrecken sein kann. Die zu erwartenden gesellschaftlichen Begleiterscheinungen dieses Abstiegs stehen unter den Stichwörtern Ausgrenzung, Chaos, Barbarei, Umwelt- und Klimakatastrophe, Krieg. Aber man kann es nicht zu oft und zu deutlich sagen: Diese finale Krise des Kapitalismus mit ihren Begleiterscheinungen könnte der Wertkritik zufolge vermieden werden. Denn der Kapitalismus ist menschengemacht. Die Menschen können ihn abschaffen, wenn sie seine Abschaffung seiner finalen Krise vorziehen.

Diese Sichtweise muss all jene befremden, die den Kapitalismus nicht radikal, also nicht in seinen Grundkategorien kritisieren. Das sind erstens die Traditionsmarxisten, die an die befreiende Kraft der Arbeit glauben, weil sie deren Fetischcharakter nicht erkennen. Das sind zweitens alle Linkskräfte von Dunkelrot bis Blassgrün, weil sie sich der Verbesserung des Kapitalismus verschrieben haben und nicht seiner Abschaffung. Und das sind drittens die Ökonomen aller Schattierungen, die in einer Krise immer nur einen Störfall sehen, aber nie ein systembedingtes Geschehen. Von dieser Seite vor allem wird häufig die Hoffnung geäußert, die weniger entwickelten Länder, und in erster Linie die »Schwellenländer«, könnten schließlich der Weltwirtschaft den Schwung wieder verleihen, der ihr seit 2007 fehlt. China, Indien, Afrika und Lateinamerika mit ihren ungeheuren »Arbeitsreserven« und Absatzmärkten müssten letztlich mit quasi naturgesetzlicher Notwendigkeit den Weg gehen, den die europäischen und nordamerikanischen Volkswirtschaften im neunzehnten und zwanzigsten Jahrhundert gegangen sind. Aber wer so argumentiert, unterschlägt bewusst oder unbewusst zwei Dinge: Erstens ist die Arbeitsproduktivität heute global viel höher als zur Zeit der ersten und der zweiten industriellen Revolution. Ein Betrieb oder eine ganze Volkswirtschaft muss sich deshalb auf diesem hohen Produktivitätsniveau bewähren und hat entsprechend weniger gute Erfolgsaussichten als ein Betrieb oder eine Volkswirtschaft im neunzehnten oder zwanzigsten Jahrhundert. Die »Lösung« des Problems liegt immer in der möglichst geschickten Ausrichtung der Produktion auf die globale Konkurrenz. Das bedeutet für hoch entwickelte Volkswirtschaften, dass dort Arbeitsplätze in einem nie abgeschlossenen Rationalisierungsprozess durch Maschinen, Automaten und Roboter ersetzt werden müssen, damit die Betriebe auch bei vergleichsweise hohem Lohnniveau überleben können. Und es bedeutet für wenig entwickelte Länder wie Bangladesch oder Kambodscha, dass sie im globalen Wettbewerb nur mithalten können, wenn die dort arbeitenden Menschen knapp über der Armutsgrenze, zumeist aber weit darunter bezahlt werden. Und zweitens gibt es für die Expansion der Weltwirtschaft neben der inneren Schranke eine äußere, die ökologische. Sie wird mittlerweile auch von bedingungslos Wirtschaftsgläubigen nicht mehr in Zweifel gezogen, was diese aber nicht daran hindert, weiter im Hamsterrad der Warenproduktion zu laufen, bis das Hamsterrad selbst nicht mehr läuft.

Die wertkritische These von der inneren Schranke war besonders lauter und sarkastischer Kritik ausgesetzt, als sich in den Achtziger- und Neunzigerjahren zeigte, dass der Kapitalismus überraschend wieder erstarkte, weil die Finanzindustrie sich explosionsartig entwickelte. Die Börsenkurse stiegen, die Umsatz- und Gewinnzahlen der großen Konzerne wuchsen an, und die These von der selbstzerstörerischen Tendenz des warenproduzierenden Systems schien der Lächerlichkeit preisgegeben zu sein. Dabei hat man übersehen, dass die Finanzindustrie mit *fiktivem Kapital* arbeitet. Das ist Kapital, dessen Wert erst noch durch Arbeit in der Zukunft geschaffen werden muss, das noch nicht im Prozess der Wertverwertung angekommen ist. In der Erwartung auf zukünftigen Wert aufgrund von menschlicher Arbeit zieht es einstweilen seine Warteschleifen im Luftraum der Finanzindustrie über der Landepiste der realen Warenproduktion. Es kann sich sogar vermehren, immer in der Hoffnung auf eine baldige Landung auf dem Terrain der Realwirtschaft. Aber die Wahrscheinlichkeit, dass es da je wird landen können, wird immer geringer. Die Entwicklung der Finanzindustrie in den nächsten Jahren und Jahrzehnten wird wahrscheinlich zeigen, wie berechtigt oder unberechtigt die wertkritische Diagnose ist. Die Wertkritik kann jedenfalls die gegenwärtig zu beobachtende Geldschwemme, die bisweilen sogar zu Negativzinsen führt, als vorläufige Bestätigung ihrer These ansehen: Kapital – zumeist fiktives Kapital – lässt sich zwar nach wie vor anhäufen; aber die Anhäufung von Wert ist ins Stocken geraten, weil die menschliche Arbeit aus der Warenproduktion zunehmend eliminiert wird, obwohl im Kapitalismus nur der durch menschliche Arbeit geschaffene abstrakte Reichtum oder Wert zählt. Wir haben es deshalb mehr und mehr mit einem »Geld ohne Wert« zu tun.[12] Das Thema liegt in der Luft. Viele Autorinnen und Autoren im wirtschaftswissenschaftlichen Mainstream »behandeln« es unverdrossen in ihren Büchern, ohne dass dadurch klar würde, dass sie es auch verstanden hätten.

Die Wertkritik steht derzeit mit ihrer Theorie von der inneren Schranke der Wertanhäufung ziemlich alleine da. Je stärker und offensichtlicher die Krisensymptome sind, desto verzweifelter wird von allen Seiten versucht, die These abzuwehren. Aber die Krisensymptome lassen sich ja nicht einfach wegdiskutieren. Sie sollten irgendwie erklärt werden, und genau das ist nicht möglich. Besser: Es ist möglich, wenn man sich die wertkritische Sichtweise aneignet. Eine kategoriale Kapitalismuskritik, wie die Wertkritik sie liefert, erzeugt jedoch Angst. Es ist die Angst, alle Anstrengungen zur Optimierung des warenproduzierenden Systems könnten letztlich zum Scheitern verurteilt sein. Deshalb ist jetzt auf mehreren Ebenen Kampf angesagt: Kampf erstens gegen die wertkritische Kassandra, die uns mit ihren finsteren Analysen dazu auffordert, die Grund-

12 Die wertkritischen Autoren Ernst Lohoff und Norbert Trenkle haben ihr Buch *Die große Entwertung* (Lohoff/Trenkle 2012) diesen Sachverhalten gewidmet.

lagen des eigenen Denkens und Handelns infrage zu stellen. Kampf zweitens innerhalb des Systems, das man eben gerade nicht infrage stellen will: also Kampf für den Wirtschaftsstandort, Kampf für mehr Wachstum, Kampf um Ressourcen, Kampf für Arbeitsplätze, Kampf für gerechte Löhne, Kampf für ein »neues« Wirtschaftssystem, Kampf für eine ökologische Wirtschaft, für Klimaschutz, und so weiter.

Die Konsequenzen sind absehbar: Wer in dieser Logik einer Verbesserung des Kapitalismus kämpft, statt dessen kategoriale Basis infrage zu stellen, muss unweigerlich mitwirken an der Zusammenbruchsmechanik dieses Systems. Wer die Alternative der kategorialen Kapitalismuskritik ignoriert oder ablehnt, kann nichts anderes tun, als dem »automatischen Subjekt« in seiner zerstörerischen Logik zu gehorchen. Das gilt natürlich für all jene, die sich nichts anderes vorstellen können und wollen als ein Weitermachen in der bisherigen Weise: die Führungskräfte der Wirtschaft, die Politiker in ihrem Dienst, die Gewerkschaften, die Parteien von ganz rechts bis ganz links. Aber es gilt tragischerweise auch für all jene Willigen und Engagierten, die sich oft bis zur Erschöpfung für Reformen einsetzen: für ökologische Nachhaltigkeit, für eine entschleunigte Lebensweise, für fairen Handel, für Geldreformen aller Art, für ein bedingungsloses Grundeinkommen, für eine »natürliche Wirtschaftsordnung«, für gerechte Steuern, für ethisches Wirtschaften, für mehr Entwicklungshilfe und so weiter. Sie alle hätten eigentlich die Möglichkeit, sich für einen radikalen Gesellschaftswandel einzusetzen statt für Reformen. Solange sie das nicht tun, bleibt ihnen nichts anderes übrig, als sich den »Sachzwängen« zu beugen, die der Warenfetisch diktiert.

Die Entwicklung auf den Zusammenbruch hin hat nichts Notwendiges, geschweige denn Schicksalhaftes. Eine Richtungsänderung wäre jederzeit möglich, wenn sich genügend Menschen fänden, die das wollten. Der Wertkritik zufolge hat sich der Kapitalismus nicht in der bekannten Weise entwickelt, weil es dazu keine Alternativen gegeben hätte. Es gab und gibt nur eine Grundbedingung, die erfüllt sein muss, damit eine Alternative nicht nur denkbar, sondern realisierbar wird: Das

Wissen um die Zusammenhänge an der Basis des warenproduzierenden Systems muss zum Allgemeinwissen werden. Dann wird auch die Einsicht möglich, dass es nicht sinnvoll ist, den Zusammenbruch des Kapitalismus abzuwarten, um etwas Neues beginnen zu können. Wenn man den Zusammenbruch zulässt, wird er einhergehen mit einer globalen Barbarei, deren erste Anzeichen gegenwärtig wie ein weltweites Wetterleuchten am Horizont sichtbar werden. Ein bewusstes Innehalten, eine gesellschaftliche Befreiungsbewegung wäre aber etwas ganz anderes als ein Zusammenbruch. Es wäre, mit Marx zu sprechen, das Ende der Vorgeschichte der Menschheit.

Die totalitäre Logik der wirtschaftlichen Sachzwänge

Der Konkurrenzkampf, der im warenproduzierenden System auf allen Ebenen ausgetragen wird, hat eine Ursache, die in diesem Buch schon mehrmals genannt wurde. Das ist die Prioritätenordnung bei der Warenproduktion. Die Befriedigung konkreter menschlicher Bedürfnisse durch Gebrauchswerte, also durch entsprechende konkrete Arbeit, hängt von der Schaffung abstrakten Reichtums durch abstrakte Arbeit ab und ist dieser untergeordnet. Stofflicher Reichtum ist nur ein Nebenprodukt, ein notwendiges Übel bei der Schaffung von abstraktem Reichtum. Wenn sich mit der Produktion von gesundheitsschädlichen Nahrungsmitteln mehr Geld verdienen lässt als mit der Produktion von gesunden, so werden eben schädliche produziert statt gesunde. Die eigentlichen Bedürfnisse der Menschen – Nahrung, Kleidung, Wohnen, Mobilität, kulturelle und soziale Bedürfnisse – sind im Gesamten der Warenproduktion und Warenverteilung letztlich ein Störfaktor. Interessant sind die Menschen für das warenproduzierende System nur als Wertschaffende und als Warenträger. Sie leben und arbeiten unter dem immerwährenden und allgegenwärtigen Zwang der Konkurrenz, weil sie unter dem Diktat der Schaffung und Vermehrung von abstraktem Reichtum stehen. Der Wert hat Selbstzweckcharakter und ist auf sich selbst rückgekoppelt. Er muss sich vermehren. Das ist der Fetisch, der die

Menschen »im Griff« hat, solange sie sich das gefallen lassen. Aber natürlich wird der Fetisch nicht als solcher wahrgenommen. Er tritt ja auch nicht als solcher auf. Kaum jemand erfährt im heutigen Arbeits- und Erwerbsleben die Zwänge, denen man ausgesetzt ist, als unvernünftig und fetischhaft. Was die Menschen im Arbeits- und Erwerbsleben erfahren, das sind vielmehr einleuchtende, in der Natur der Arbeit liegende Notwendigkeiten, Zusammenhänge und Abhängigkeiten, die man nicht hinterfragen und schon gar nicht abschaffen kann. Diese nennt man gewöhnlich Sachzwänge. Der Sachzwang ist die Erscheinungsform des Warenfetischs in der kapitalistischen Gesellschaft.

Darum ist es aussichtslos, sich den kapitalistischen Herrschaftsstrukturen entgegenstellen zu wollen, wenn nicht gleichzeitig die wirtschaftlichen Sachzwänge abgeschafft werden können, die ihnen zugrunde liegen. Das hat zum Beispiel die Syriza-Regierung in Griechenland im Sommer 2015 schmerzhaft zur Kenntnis nehmen müssen: Sie wollte die Bedingungen der »Troika« zur Schuldenrückzahlung nicht akzeptieren und gab ihrer Weigerung mit einer Volksabstimmung das nötige Gewicht. Unter dem Druck der wirtschaftlichen Sachzwänge vollzog sie dann innerhalb weniger Tage eine Kehrtwende um 180 Grad. Das wurde ihr von vielen als Verrat ausgelegt. Aber was wie ein Verrat aussah, war eigentlich nur der Schlusspunkt eines schmerzhaften Abschieds von der Illusion, man könne im Kapitalismus die Prioritätenordnung – zuerst die Produktion abstrakten Reichtums, dann die Bedürfnisse der Menschen – umkehren.[13]

Der Vorrang der Schaffung von abstraktem Reichtum hat weitreichende Folgen: Weil die Güterproduktion im Kapitalismus immer Warenproduktion ist, wird sie zwingend dem Kriterium der Rentabilität und Zahlungsfähigkeit untergeordnet. Unter diesem Diktat wird einerseits laufend die Herstellung lebenswichtiger oder nützlicher Güter eingestellt, weil sich mit diesen zu wenig Geld verdienen lässt. Andererseits werden in wachsendem Maße schädliche und destruktive Produkte auf den Markt geworfen, weil sie rentabel sind. Die Logik des Vorrangs des abstrakten Reichtums wirkt sich aber auch aus auf die Zurichtung der Bedürfnisse selbst. Was der Vermehrung des abstrakten Reichtums dient, gilt eben zunehmend als Bedürfnis. So steht nicht die Produktion der Güter im Dienste von Bedürfnissen, sondern umgekehrt erzeugt im Dienste der Schaffung von abstraktem Reichtum die Warenproduktion selbst die Bedürfnisse. Dies erklärt zum Beispiel die Tatsache, dass man zur Rechtfertigung noch der destruktivsten und absurdesten Warenangebote durchaus einleuchtend die Bedürfnisse der Kundschaft anführen kann: »Die Leute wollen das!«

Die abstrakte Rentabilitätslogik ist in der Warengesellschaft so selbstverständlich, dass auch ihre katastrophalen Folgen als unvermeidlich hingenommen werden. Weit über den Bereich der »eigentlichen« Wirtschaft hinaus werden die Kriterien der Finanzierbarkeit, der Rentabilität und der Zahlungsfähigkeit als nicht hinterfragbare Grundlage des menschlichen Zusammenlebens erfahren, als wirtschaftlicher Sachzwang eben. Bildung, Erziehung, Wissenschaft, Altersvorsorge, Kranken- und Altenpflege, Kultur, Sport, Umwelt-, Klima- und Naturschutz – kurz: alle Bereiche der Gesellschaft werden dem Kriterium der wirtschaftlichen Rentabilität untergeordnet. Dieses Diktat der Rentabilität führt zu einer allmählichen flächendeckenden Verwüstung von Natur und Kultur, von Landschaften, Städten, Lebensräumen und Beziehungsnetzen.

Der Vorrang des abstrakten Reichtums vor dem stofflichen und der abstrakten Arbeit vor der konkreten hat auch Folgen für die Geistesverfassung der Menschen, für die vorherrschen-

13 Wie die griechische Staatsschuld hauptsächlich zustande gekommen ist, erklärt der wertabspaltungskritische Autor Richard Aabromeit folgendermaßen: »Der starke Anstieg [der Staatsverschuldungsquote] insbesondere nach 2007 ist auf die große Anstrengung des griechischen Staates und der Institutionen (EZB, IWF, EU-Kommission) für die Rettung der griechischen (privaten) Banken zurückzuführen, und nicht etwa auf die Verschwendungssucht oder die Liederlichkeit dieses Staates. Durch die Bankenrettung in 2010 wurden die einstmals privaten Schulden (der griechischen Privatbanken) zum großen Teil verstaatlicht – und jetzt wird genau diesem Staat genau dieses zum Vorwurf gemacht« (Richard Aabromeit, *Vor welcher Wahl steht Griechenland nach der Wahl?* http://www.exit-online.org [01.10.18]).

den Mentalitäten und die Sprache. In einer durchkommerzialisierten Gesellschaft müssen sich die Menschen nach kommerziellen Kriterien verhalten. Schon kleine Kinder lernen, gegenüber ihresgleichen als Konkurrenten aufzutreten, »sich zu verkaufen«, zum Beispiel im Leistungswettbewerb oder im Wettbewerb als Warenträger. Narzisstische Verhaltensweisen, die noch vor einigen Jahrzehnten als Persönlichkeitsstörungen galten, sind »normal« geworden. Das ist durchaus im Interesse des kapitalistischen Systems. Je narzisstischer eine Persönlichkeit ist, desto fremdgesteuerter ist sie auch. Das erleichtert die Unterwerfung und Selbstunterwerfung der Menschen unter das Diktat der abstrakten Arbeit und des abstrakten Reichtums. Der Idealtypus des kapitalistischen Subjekts ist der kindlich gebliebene und damit kindische Narzisst. Nicht nur sein Verhalten, sondern auch seine Sprache lässt ihn als solchen erkennen. Zum Beispiel ist die aufgeregte Ausdrucksweise mancher Twitter-Botschaften in dieser Beziehung aufschlussreich.

Diese Erscheinungen sind der Hintergrund zahlreicher kulturkritischer Gesellschaftsanalysen der Gegenwart. Aus Soziologie, Psychologie, Psychoanalyse, Pädagogik, Philosophie und Politikwissenschaft sind Warnsignale zu hören, die immer wieder die gleiche Botschaft vermitteln: An der Oberfläche der gesellschaftlichen Erscheinungen sind in den letzten Jahrzehnten rasche und beunruhigende Veränderungen festzustellen. Individualismus, Egoismus und Narzissmus sind zu gesellschaftlichen Verhaltensnormen geworden, die die Gesellschaft immer kälter, härter, aggressiver und liebloser erscheinen lassen. Wer wollte diesen Diagnosen widersprechen! Sie beschreiben ja eine augenfällige Entwicklung. Aber sie haben fast alle den gleichen Mangel: Sie kritisieren nur die gegenwärtige Phase der Durchsetzungsgeschichte der abstrakten Arbeit, nämlich den Neoliberalismus, und sehen in ihm das große zu beseitigende Übel. Dass die Ursache der gegenwärtigen gesellschaftlichen Veränderungen viel tiefer liegt als in den neoliberalen Machtstrukturen, wird dabei zumeist übersehen.[14] Die Wertkritik warnt immer wieder vor dieser oberflächlichen Interpretation. Wenn die gegenwärtige Tendenz der Gesellschaft auf ihre Selbstzerstörung hin aufgehalten werden soll, dann reicht es nicht, den Neoliberalismus zu kritisieren und zu bekämpfen. Das ist reine Symptomtherapie. Notwendig wäre hingegen ein grundsätzliches Infragestellen der Vorherrschaft des abstrakten Reichtums und der abstrakten Arbeit. Die Menschheit wird der Entwicklung auf ihre eigene Zerstörung hin nur Einhalt gebieten können, wenn sie die Grundkategorien Ware, Wert, Arbeit und Geld als menschengemacht erkennt und abschafft.

Vom Vorteil, ausgebeutet zu werden – Ausgrenzung in der Warengesellschaft

Das warenproduzierende System namens Kapitalismus ist eine Wertvermehrungsmaschine. Ihr Treibstoff ist die menschliche Arbeitskraft. Unter dem doppelten Zwang der Produktionssteigerung einerseits und der Produktivitätssteigerung andererseits muss sie im Konkurrenzkampf immer mehr Wert schaffen und gleichzeitig die Arbeit immer mehr aus dem Produktionsprozess eliminieren – ausgerechnet die Arbeit, die doch gerade die unverzichtbare Substanz dessen bildet, was sie produzieren muss, des Werts eben. So ist der Kapitalismus in seiner jetzigen Phase zwar immer noch das Wirtschaftssystem, das auf der Ausbeutung von Menschen durch Menschen beruht. Aber die dritte industrielle Revolution ersetzt menschliche Arbeitskraft zunehmend durch Automaten und Roboter; und damit wird der Kapitalismus zu einem System, das einer wachsenden Anzahl von Menschen sogar die Möglichkeit des Ausgebeutetwerdens nimmt. Die Menschen werden überflüssig. Sie sind als Produzentinnen und Produzenten nicht mehr erwünscht und in der Arbeitslosigkeit auch als Konsumierende nicht mehr interessant. Wer als Warenproduzent nicht mehr existiert, weil er aus dem Prozess des Geldverdienens durch Arbeit herausgefallen ist, existiert eben auch als Warenkonsu-

14 Das wertkritisch orientierte Werk *La société autophage* von Anselm Jappe bildet zu dieser Literatur einen gewichtigen Gegensatz. (Jappe 2017). Bisher existiert keine deutsche Übersetzung des Werks.

ment nicht mehr. Das heißt: Er existiert im Kapitalismus überhaupt nicht mehr.

In der globalisierten Wirtschaft werden aber nicht nur die einzelnen Menschen zu Opfern der Selbstzerstörung des Kapitalismus. An der kapitalistischen Peripherie zerfallen ganze Staaten und Gesellschaften, weil das System der Wertverwertung dort schon an seine Grenzen gelangt ist. Es gibt heute Staaten, die keine mehr sind. Da zeigt sich etwas, wovon schon im Kapitel über die Durchsetzungsgeschichte der abstrakten Arbeit die Rede war: Recht wird nur in den Regionen einigermaßen eingehalten, wo die ökonomische Verwertbarkeit der menschlichen Arbeitskraft noch gegeben ist. Die Rechtsstaatlichkeit steht und fällt mit dieser Gegebenheit. Wo das Wertverwertungssystem zerfällt, zerfallen auch die ihm nachgeschalteten staatlichen Strukturen. An die Stelle der drei Gewalten des demokratischen Rechtsstaats tritt dann die nackte Gewalt. Nicht Demokratie und Recht sind die Grundlagen der Marktwirtschaft, sondern umgekehrt ist die Marktwirtschaft dort, wo sie noch nicht zerfallen ist, die Grundlage für Demokratie und Recht und setzt sie als ihre Instrumente zur gelingenden Wertvermehrung ein. Aber wo die Marktwirtschaft zerfällt, da werden eben auch Demokratie und Recht hinfällig. Plünderungsökonomien, Terrorbanden, Warlords und selbsternannte Chefs treten an die Stelle, die noch kurz zuvor durch Demokratie und Rechtsstaatlichkeit besetzt war. Dieser Prozess ist in den letzten Jahrzehnten stark vorangekommen. Der wertkritische Autor Gerd Bedszent, der sein Schaffen vor allem dem Zerfall der kapitalistischen Peripherie widmet, hat 2014 festgestellt, dass die Begriffe des gescheiterten und verfallenden Staates heute zum ganz normalen Vokabular von Politikern, Militärs und Nachrichtenmoderatoren gehören. Private Denkfabriken erstellen jährlich Listen gescheiterter Staaten. Nach den Ursachen des Staatszerfalls wird allerdings kaum je gefragt (vgl. Bedszent 2014).

Die unvermeidliche Folge für die Bevölkerung in zerfallenden Staaten ist leicht voraussehbar: Wer genügend Kraft hat, wird sich in noch funktionierenden Ländern und Regionen sein Auskommen suchen. Was man in Europa und Nordamerika als »Flüchtlingskrise« wahrnimmt, hat diesen Hintergrund. Und es hat unmittelbare Auswirkungen auch auf die Situation und die Politik in den kapitalistischen Zentren. Dort geht es nämlich darum, »die vom Verwertungsprozess Ausgeschlossenen auch politisch und rechtlich auszuschließen und gleichzeitig unter Kontrolle zu halten, um die Funktionsfähigkeit des Systems in der Krise zu sichern. Dazu müssen die nicht verwertbaren Menschenmassen in den Zusammenbruchregionen in Schach gehalten und die Nicht-Verwertbaren in den Zentren halbwegs befriedet und zugleich repressiv verwaltet werden. Entsprechend werden Rechtsnormen passend gemacht oder ignoriert« (Böttcher 2016: 19). Wie zwingend der Zusammenhang ist zwischen der ökonomischen Verwertbarkeit der Menschen und der Anerkennung ihres Rechts auf Existenz, das hat Robert Kurz schon 2003 in seinem Werk *Weltordnungskrieg* gezeigt: »An den Flüchtlingen und Migranten wird in aller Offenheit exekutiert, was die innerste Logik des Kapitalismus überhaupt ist: die Tendenz nämlich, den Menschen auf seine ›ökonomische Nützlichkeit‹ als Verausgabungseinheit von rentabler Arbeitskraft und ›Leistung‹ zu reduzieren. Was bei den eigenen Staatsbürgern noch nicht mit letzter Konsequenz möglich ist, nämlich nur die rentabel vernutzbare Leistungsmaschine Mensch als Menschen ›anzuerkennen‹, nicht aber die aktuell unbrauchbaren Kinder, Alten und Kranken oder sonstwie nicht Leistungsfähigen, das tritt bei der Behandlung der Migranten in aller Brutalität zu Tage: sie müssen jung und gesund sein, am besten anderswo gut ausgebildete Olympiakämpfer, am besten kinderlos, vaterlos, mutterlos, ohne Anhang und Verpflichtung außer der einen, ›nützlich‹ zu sein für den hiesigen Verwertungsprozess. Und noch willkommener ist natürlich der ›Investor‹, der Mensch, der Geld mitbringt, geronnene vergangene ›Leistung‹, die aus Menschmaschinen wer weiß wo herausgequetscht worden ist, um sich nun am geheiligten ›Standort‹ erneut in den flüssigen Aggregatszustand des Kapitals zu verwandeln und ›die Stärke unseres Landes‹ zu mehren« (Kurz 2003a: 227).

Die Unterscheidung zwischen verwertbaren und nicht verwertbaren Menschen bewirkt eine fortschreitende Aufteilung der Welt in zweierlei Zonen, die nicht scharf voneinander getrennt sind, sondern oft ineinandergreifen: die Zonen der Verwertbaren und diejenigen der Nicht-Verwertbaren. Dazwischen liegt der Graubereich der Prekarisierten. Das sind die »noch Verwertbaren«, die mit ungewissen beruflichen Zukunftsaussichten einer oder mehreren schlecht bezahlten Arbeiten nachgehen und zumeist unter der Armutsgrenze leben. Die Zonen der Nicht-Verwertbaren finden sich nicht nur in Regionen an der kapitalistischen Peripherie. Sie reichen in die Vorortsgürtel auch der europäischen und amerikanischen Großstädte hinein.[15] Diese Aufteilung der Welt in zweierlei Zonen erinnert an die Abgrenzung antiker Imperien von dem, was ihnen als Barbarei galt: das Fremde, Unzivilisierte, ganz andere, Bedrohliche. Aber der Vergleich hinkt: Während die antiken Barbarenreiche etwas völlig außerhalb der jeweiligen »Zivilisation« Liegendes waren, gehören die heutigen Zonen der Barbarei untrennbar zur kapitalistischen Zivilisation. Sie dehnen sich in dem Maße aus, wie Menschen massenweise aus der ökonomischen Verwertbarkeit herausfallen. Sie führen den Menschen in den noch funktionierenden Zonen der kapitalistischen Zentren vor, welche Zukunft sie erwartet. Sie zeigen unverhüllt die Gewalt, die dem System innewohnt und die auch die Zentren ereilen wird, wenn die Menschen der Barbarisierung der Welt nicht Einhalt gebieten. Wer meint, diese Entwicklung mit einem »Kampf der Kulturen« erklären zu müssen, verschließt sich der Einsicht, dass der Feind nicht eine fremde Kultur ist, sondern die Diktatur der abstrakten Arbeit.

Aber es gibt gegenwärtig nur wenige Anzeichen dafür, dass sich die Menschen gegen diese Diktatur zur Wehr zu setzen beginnen. Obwohl die Verwertung der Arbeitskraft ganz offensichtlich auch in den Zentren ihrem Ende entgegengeht, wird die Arbeit nach wie vor von kaum jemandem infrage gestellt. Niemals könnten »Arbeitsplätze für alle« geschaffen werden,

15 Mike Davis schildert in seinem Buch *Planet der Slums* (Davis 2007) das Leben der nicht verwertbaren Menschen in diesen Vorortsgürteln.

und dennoch tun Führungskräfte in Politik und Wirtschaft auch vier Jahrzehnte nach dem Beginn der dritten industriellen Revolution immer noch so, als wäre dies möglich und als glaubten sie selbst an diese Möglichkeit. Die Arbeit dient als Totschlagargument, mit dem man ohne jeden Realitätsbezug Wahlen gewinnen und Unzufriedene gefügig machen kann. Das ist brandgefährlich. Denn damit werden all jene zu Zielscheiben der Aggression, die – aus was immer für Gründen – »nicht arbeiten«.

Das betrifft zunächst all jene, von denen man zu wissen glaubt, dass sie, »ihrer Natur gehorchend«, nicht arbeiten wollen oder zur Arbeit nicht wirklich taugen: Menschen aus dem europäischen oder globalen Süden, Andersfarbige, Asylsuchende, Migrantinnen und Migranten, Fahrende, Sozialhilfeabhängige, Rentnerinnen und Rentner, körperlich und seelisch Behinderte, Kranke. Sie alle erleben, wie die Diktatur der Arbeit in ihr Leben und in ihren Alltag hineinwirkt: Verlierer werden ausgegrenzt und zu Parasiten und Schmarotzern umdefiniert. Bestenfalls dienen sie den Erfolgreichen als Objekt einer selbstzufriedenen Mildtätigkeit. Aber als vollwertige Mitglieder der Gesellschaft existieren sie nicht. Und sie sind leicht als Sündenböcke zu gebrauchen.

Die Aggression der noch Verwertbaren kann sich aber auch gegen all jene richten, von denen man weiß oder zu wissen glaubt, dass sie sich der Pflicht zur Arbeit entziehen können, weil sie vom Mehrwert leben, den andere geschaffen haben. Statt gegen die Diktatur der Arbeit richtet sich die Wut der »ehrlich Arbeitenden« gegen die Reichen, die Kapitalisten, denen man es »endlich zeigen« will. Nicht das System ist dann der Gegner, sondern die Individuen und Gruppen, die von diesem System unweigerlich produziert werden: die Drahtzieher, die Profiteure, die Zinstreiber, die Manager, die Banker, die Wall Street, das »eine Prozent«. Dahinter steckt letztlich die Vorstellung, das warenproduzierende System wäre an sich schon in Ordnung, man müsste es bloß vernünftiger gestalten. Diese Haltung ist in linken Protestbewegungen weit verbreitet. Aber sie ist auch der Humus, auf dem die Saat rechtspopulistischer

Politik aufgeht. Dabei treten linke und rechte Demagogen oft in der Pose des Aufklärers und Vordenkers auf, und sie werden von vielen als besonders mutig und gut informiert wahrgenommen. Die Politik lebt gegenwärtig größtenteils von der Motivationsenergie, die in den so geschaffenen Feindbildern steckt.

Die Wertkritik hat das Verdienst, gezeigt zu haben, dass es ein Irrtum ist, nach Schuldigen zu suchen statt nach den Ursachen des Schuldigwerdens. Wer nicht vor allem das System kritisiert, das Arme und Reiche produziert, sondern die Reichen, die von diesem System profitieren, läuft Gefahr, dass seine Kritik zu einer Spekulanten- und Verschwörungshetze verkommt, die in offenen Antisemitismus münden kann. »Querfront« ist heute das Stichwort, unter dem linke und rechte Elitenhasser zusammenfinden. Die gegenwärtige politische Stimmung in Europa und auf der ganzen Welt ist von dieser Hexenjägermentalität geprägt. Diese hat Anfang der Dreißigerjahre schon einmal katastrophale Auswirkungen gehabt. Und eine Wiederholung der Geschichte ist in diesem Zusammenhang nicht auszuschließen. Umso wichtiger ist es, auf diesen Punkt unmissverständlich hinzuweisen: Man soll im durchaus legitimen Kampf gegen die Mächtigen und Reichen nicht vergessen, dass nicht diese der eigentliche Gegner sind, sondern das System namens Kapitalismus, welches Reiche und Mächtige, aber auch Arme und Ohnmächtige produziert.

Der Terror der Ökonomie

Die Entwicklung des Kapitalismus ist nicht ein Zivilisierungsprozess, der die Menschheit aus Gesetzlosigkeit und Barbarei früherer Zeiten erlöst und zu Freiheit und Demokratie geführt hätte. Gewalt hat sein Entstehen als Feuerwaffenökonomie zu Beginn der Neuzeit geprägt; mit Gewalt hat er sich später in mehreren Wellen durchgesetzt. Und als von Gewaltexzessen begleitetes Finale kündigt sich jetzt sein Ende an. Dies alles wurde in einigen der vorangehenden Kapitel dargestellt. Aber in dieser Darstellung fehlt noch ein Element: Es wäre nämlich ein Missverständnis zu glauben, die immer wieder aufflammende Gewalt in der fünfhundertjährigen Geschichte des Kapitalismus sei ein gewissermaßen zufälliges, unnötiges Begleitphänomen, ein Störfaktor gewesen, den man durchaus hätte vermeiden können. Krieg, blutige Unterdrückung von Menschen, Naturzerstörung und Terror haben die Entwicklung des Kapitalismus nicht etwa beeinträchtigt, sondern sie haben sie recht eigentlich ermöglicht. Sie machen sein Wesen aus. Dies wird deutlich, wenn wir uns nochmals vergegenwärtigen, was den Kern des warenproduzierenden Systems bildet. Es ist der Vorrang des abstrakten Reichtums vor dem stofflichen. In diesem Vorrang liegt eine Vernichtungslogik, die Robert Kurz den Todestrieb des Kapitals genannt hat.

Die zwanghafte Vermehrung abstrakten Reichtums durch abstrakte Arbeit ist ein zutiefst sinnleerer Prozess. Sie verhindert konsequent einen sinnvollen Umgang der Menschen mit den Ressourcen, die ihnen zur Verfügung stehen. Sie zeigt sich abstrakt in der Veränderung von Ziffern auf Bankkonten. Sie zeigt sich konkret einerseits in tiefer Verelendung und andererseits in astronomischem Reichtum. Und sie zeigt sich in einer dauernd sich steigernden, sinnlosen Materialschlacht. Die Leere des zum Selbstzweck gewordenen Geldes prägt und beherrscht das Leben der Menschen. Was die Menschen erleben, was sie sich wünschen und fürchten, was sie konkret tun, was sie herstellen, das ist wirtschaftlich gesehen bedeutungslos. Von Bedeutung ist in dieser Logik allein, dass die Menschen abstrakten Wert schaffen, ein Nichts also. Wenn aber Menschen nur als Wertschaffende, Konsumierende und Konkurrierende im globalen Wettbewerb zählen, wenn ihre Fragen nach Sinn und Unsinn konkreter Produktionsprozesse als bedeutungslos gelten, wenn ihr Bedürfnis nach sinnvoller Lebensgestaltung der großen Wertverwertungsmaschine geopfert wird, kann das nicht ohne Wirkung bleiben.

Robert Kurz hat in seinem Aufsatz *Der Todestrieb der Konkurrenz* (Kurz 2002) ein Jahr nach den Anschlägen des 11. September 2001 die Folgen dieses auf der Leere des abstrakten Reichtums aufbauenden Wirtschafts- und Gesellschaftssystems aufgezeigt. Er bezog sich auf Erkenntnisse von Hannah Arendt. Die Philosophin hatte in den Fünfzigerjahren im Zusammenhang mit den totalitären politischen Regimes des 20. Jahrhunderts von einer Kultur der »Selbstverlorenheit« gesprochen. Menschen, die unter der Herrschaft eines totalitären Regimes entwurzelt wurden, leiden unter dem Gefühl, »dass es auf einen selbst nicht ankommt, dass das eigene Selbst jederzeit und überall durch ein anderes ersetzt werden kann [...]« (Arendt 1986: 510 f.). Robert Kurz stellt in seinem Aufsatz fest, dass der von Arendt beschriebene Zustand der Selbstvergessenheit und Selbstverlorenheit im 21. Jahrhundert nicht nur Menschen betrifft, die unter einem totalitären Regime traumatisierende Erfahrungen machen mussten. Menschen müssen heute im ökonomischen Normalbetrieb als ganz selbstverständlich erleben, »dass das eigene Selbst jederzeit und überall durch ein anderes ersetzt werden kann«. Das gilt nicht nur für die Armen und Herausgefallenen, sondern grundsätzlich für alle. Selbstverlust und Verlust der eigenen Urteilsfähigkeit unter dem Eindruck eines »überwältigenden ökonomischen Imperativs« ist heute das Schicksal sehr vieler Menschen, vor allem der heranwachsenden Generation, »die keinen Vergleichsmaßstab und kein Kriterium der möglichen Kritik mehr haben« (vgl. Kurz 2002).

Jede Gesellschaft bereitet sich ihre Zukunft selbst vor, indem sie die Heranwachsenden in Verhaltensweisen und Seelenzustände hineinwachsen lässt, die später die Norm bilden werden. In diesem Zusammenhang äußert sich Robert Kurz auch über die traurige Rolle, die die Schule in der globalen Warengesellschaft zu spielen hat. Alle pädagogischen Bemühungen noch so gutwilliger und kompetenter Lehrerinnen und Lehrer können an der Grundtatsache nichts ändern, dass die Schule die Kinder auf das Mitlaufen im Hamsterrad vorbereiten muss. Das bedeutet laut Kurz, dass die Schule die Kinder in »abstrakte Leistungsmaschinen« verwandeln muss. Kinder müssen schon in der Schule lernen, dass sie sich dem Gebot der Wertverwertung zu unterziehen haben und dass sie daran wenn möglich auch noch Spaß haben sollen. Kein Wunder, dass das bei vielen nur dank dem Einsatz von Medikamenten gelingt. Selbstbehauptung und Selbstzerstörung liegen denn auch in solchen Fällen sehr nahe beieinander (vgl. Kurz 2002).

Die Folgen solcher Verhältnisse prägen heute mehr und mehr den Alltag der globalen Gesellschaft. Die »normal« gewordene Gewissheit, dass es auf einen selbst nicht ankommt, führt bei Millionen von Menschen, vor allem bei männlichen Jugendlichen, zu einer Gewaltbereitschaft, die auf der Schlussfolgerung fußt, dass es nicht nur auf einen selbst nicht ankommt, sondern auf nichts und niemanden. Die immer zahlreicheren Selbstmordanschläge, Massentötungen an Schulen und Amokläufe zeigen denn auch einige beunruhigende Gemeinsamkeiten: Es sind höchst selten spontane emotionale Ausbrüche; sie werden im Gegenteil fast immer sorgfältig geplant. Die Täter sind in der Regel unauffällige junge Männer, die als psychisch normal gelten, und sie stammen nicht selten aus »besseren Kreisen«. Die Motive ihrer Taten sind nicht in politischen oder weltanschaulichen Überzeugungen zu finden, auch bei den jungen Dschihad-Kriegern nicht! Sie sind eine Form dessen, was Robert Kurz »Dürsten nach dem Tod« nennt. In seinem Buch *Weltordnungskrieg* kommt er zu der folgenden niederschmetternden Diagnose für unsere Zeit: »Das ›Dürsten nach dem Tod‹ ist kein spezifisch islamisches Motiv, sondern der universelle Verzweiflungsschrei einer sich in ihrer kapitalistischen Weltform selbst hinrichtenden Menschheit. Und die Täter sind zu 90 oder fast 100 Prozent konkurrierende Gewaltmänner, am Ende nicht weniger als am Anfang dieser wunderbaren ›Zivilisation‹« (Kurz 2003a: 74).[16]

Die Vorstellung, der Terror – insbesondere der islamistische – sei ein von »außen« gegen die westliche Zivilisation von Freiheit und Demokratie gerichteter Angriff, hält dieser Erkenntnis nicht stand. Es gibt im warenproduzierenden System

16 Robert Kurz erklärt in *Weltordnungskrieg* auch, weshalb junge Männer so viel gewaltbereiter sind als junge Frauen: Genau wie das Diktat der immerwährenden Wertverwertung hat auch die damit verbundene Tendenz zu Zerstörung und Selbstzerstörung einen geschlechtsspezifischen Ursprung. Abspaltung vom Wert ist auch Abspaltung von Gewalt und Terror, die das warenproduzierende System erzeugt (vgl. Kurz 2003a, 68–74).

kein Außen. Es ist das totalitäre warenproduzierende System selbst, das Gewalt und Terror erzeugt. Deshalb ist der »Krieg gegen den Terror«, wie er immer wieder propagiert wird, von vornherein zum Scheitern verurteilt. Krieg gegen den Terror ist in diesem System, das den Terror selbst erzeugt, ein Ablenkungsmanöver, eine Verschleierungstaktik. Was kann man also gegen den Terror tun? Die Antwort der Wertkritik ist so eindeutig wie ernüchternd: »Es gibt nur einen Weg, dem Terror wirklich den Nährboden zu entziehen: die emanzipatorische Kritik am globalen Totalitarismus der Ökonomie« (Kurz 2001).

Alle sind gleich, einige sind gleicher – Aufklärung und Kapitalismus

Es gibt in der Geschichte der Neuzeit eine Befreiungsbewegung, eine Hoffnungsträgerin, auf die sich viele Menschen im Kampf gegen das totalitäre System der Wertverwertung berufen: Es ist die europäische Aufklärung. Die Aufklärung war eine Emanzipationsbewegung des 18. Jahrhunderts, die den Menschen Demokratie, Menschenrechte, Freiheit und Gleichheit versprach. Viele Linke, Marxisten und Nichtmarxisten, sehen sich als Erben der Aufklärung. Sie sehen ihre Aufgabe in einer Fortsetzung der Menschheitsbefreiung, die die Aufklärung und die Französische Revolution versprochen hatten, die dann aber nur zum Teil verwirklicht wurde. Dass die Versprechen der Aufklärung nur teilweise erfüllt sind, das ist heute der hauptsächliche Ansporn für linke Politik. Der durch die Aufklärung begonnene Gesellschaftswandel wird erst zu Ende geführt sein, wenn Freiheit, Gleichheit, Menschenrechte und Demokratie für alle Menschen auf der Erde verwirklicht sind. Weder die Ausgrenzungslogik noch die Gewaltherrschaft des Kapitalismus sind mit den Prinzipien der Aufklärung vereinbar. Und natürlich ist es letztlich auch die Wertverwertungslogik der Warengesellschaft nicht. Die Fortsetzung und Vollendung dessen, was die Aufklärung der Menschheit angekündigt hatte, ist deshalb das große Programm linker Politik auf der ganzen Welt.

In diesem Zusammenhang gilt es aber eine verwirrende Tatsache zu beachten, auf die die Wertkritik seit mindestens zwanzig Jahren beharrlich hinweist: Genau die Grundsätze und Werte, die die Aufklärung vertrat – Freiheit, Gleichheit, Menschenrechte, Demokratie –, dienen seit zweihundert Jahren sehr oft der Rechtfertigung von Eroberungs- und Rohstoffkriegen, von Ausgrenzung und Gewaltherrschaft. Auch die rasche Entwicklung der globalen Gesellschaft in Richtung auf die totale Überwachung und Kontrolle aller Menschen erfolgt im Namen dieser Prinzipien. Und wo die Demokratie »vorübergehend« eingeschränkt oder außer Kraft gesetzt wird, geschieht dies häufig ebenfalls unter Berufung auf die gleichen Grundsätze. Man muss feststellen, dass der politische »Ausnahmezustand« nicht eine Ausnahme, sondern die Regel bildet. Der eigentliche Ausnahmezustand ist die Demokratie. Und sie kann jederzeit infrage gestellt, außer Kraft gesetzt oder schlicht abgeschafft werden. Warum ist das so? Es scheint da eine schwer durchschaubare Gesetzmäßigkeit zu wirken, die will, dass Demokratie, Menschenrechte, Gleichheit und Freiheit erst realisiert werden können, wenn eine Grundvoraussetzung geschaffen ist, die ihrerseits nicht infrage gestellt werden darf.

Ein Blick zurück auf die Durchsetzungsgeschichte der abstrakten Arbeit lässt uns verstehen, um welche Grundvoraussetzung es sich handelt: Menschenrechte, Freiheit, Gleichheit und Demokratie können nur eingeführt und zugelassen werden, wenn die Grundvoraussetzung der anonymen Märkte und der globalen Unternehmenskonkurrenz schon gewährleistet ist. Und sie finden ihre Beschränkung dort, wo sonst das blinde Funktionieren der Konkurrenz und der Märkte gefährdet wäre. Die Pinochet-Diktatur im Chile der Siebziger- und Achtzigerjahre ist dafür das bekannteste Beispiel. Es zeigt sich immer wieder, dass die Menschenrechte schnell zu leeren Versprechungen verkommen, wenn ihre Einhaltung das Fortschreiten der Wertverwertung infrage stellen könnte.

Muss man aus diesen Tatsachen schließen, dass das Befreiungsprogramm der Aufklärung nicht so umgesetzt worden ist,

»wie es gemeint war«? Schön wäre es! Aber die von den wertkritischen Autorinnen und Autoren aufgedeckte historische Wirklichkeit ist viel ernüchternder. Die maßgebenden Autoren der Aufklärung – allen voran Immanuel Kant – setzten nämlich dem von ihnen entworfenen Programm zur Befreiung der Menschen einen engen Rahmen. Es genügte nicht, zur biologischen Art *Homo sapiens* zu gehören, um menschen- und bürgerrechtswürdig zu sein. Die Menschen- und Bürgerrechte in den im 19. Jahrhundert entstehenden Demokratien waren vielmehr an Bedingungen geknüpft, die für die Autoren der Aufklärung so selbstverständlich waren, dass sie sie nicht ins Zentrum ihrer Arbeit stellten, sondern nur nebenbei erwähnten: Man musste erstens männlichen Geschlechts sein. Für Frauen galten Menschen- und Bürgerrechte nur bedingt. Zweitens musste man erwachsen sein. Kinder waren aus damaliger Sicht noch nicht »ganze« Menschen. Drittens musste man von weißer Hautfarbe sein. Andersfarbige galten nicht als wirkliche Menschen. Man musste viertens materiellen Besitz haben. Besitzlose hatten denn auch lange kein Wahlrecht. Fünftens musste man arbeitsfähig sein. Wer nicht arbeiten konnte, verdiente es nicht, in die Gesellschaft der Freien und Gleichen aufgenommen zu werden. Und man durfte schließlich nicht als geisteskrank gelten, wobei schon kleine Abweichungen von der gesellschaftlich tolerierten Norm genügten, um einen Mann als unzurechnungsfähig aus der Gesellschaft auszuschließen. Wenn man abzuschätzen versucht, welchen Anteil an der Gesamtheit aller heutigen Erdenbewohnerinnen und -bewohner die Zahl der Menschen ausmacht, für welche nach diesen Kriterien die Menschenrechte wirklich »gelten«, kommt man auf ein bis fünf Prozent.

Innerhalb und außerhalb der wertkritischen Bewegung haben diese Erkenntnisse während einiger Zeit für Unruhe, Diskussionen und Streit gesorgt. Aber die wertkritischen Aufklärungsstudien lassen keinen Zweifel an der Tatsache aufkommen, dass die Aufklärung nicht das Emanzipationsprogramm war, für das sie sich selber hielt. Nicht nur in der historischen Wirklichkeit, sondern auch in den Texten selbst erweist sie sich als weniger emanzipatorisch, als es ihrem Ruf entspräche. In den Werken der Aufklärer sind zahlreiche rassistische, frauenverachtende, die Armen ausgrenzende Textstellen zu finden, deren Studium schließlich folgenden Schluss nahelegt: Die Aufklärung war ein Programm zur ideologischen Rechtfertigung der bürgerlichen Revolutionen im 18. und 19. Jahrhundert, die ihrerseits eine Etappe in der Durchsetzungsgeschichte der abstrakten Arbeit darstellten. Der bestimmende Hintergrund der Aufklärung war die Entwicklung des Kapitalismus im 17. und 18. Jahrhundert. Nicht befreiend, sondern unterjochend war also letztlich die Wirkung der Aufklärung für die Menschen. So ernüchternd, ja schockierend diese Erkenntnis ist, so vehement und kompromisslos wurde sie vor allem von Robert Kurz vertreten. Kurz wusste, dass er mit dieser These einen Sturm der Entrüstung auslösen würde. Er war sich aber seiner Sache sicher und fühlte, dass er ihr nur Beachtung verschaffen konnte, wenn er entsprechend laut wurde. Deshalb schlug er in dieser Phase der Geschichte der Wertkritik einen Ton an, wie er in solcher Aggressivität selbst von diesem streitbaren Autor vorher und nachher nie zu hören war. Offensichtlich hat Kurz damals »Kollateralschäden« seines Schreibens nicht nur in Kauf genommen, sondern bewusst provoziert. Er stellt die Autoren der Aufklärung von Rousseau bis Hegel als Schreibtischtäter hin, denen man jetzt den Prozess machen müsse (vgl. Kurz 2004: 87). Er nennt das Erbe der Aufklärung den »geistigen Gesamtmüll des Abendlands«, von dem man sich nur mit Zorn und Ekel abwenden könne (a. a. O.: 15). Er wird also Leserinnen und Leser vor den Kopf stoßen, die in der Aufklärung einen der großen zivilisatorischen Fortschritte der Menschheit sehen. Aber bei sorgfältiger Lektüre seiner aufklärungskritischen Texte muss man zum Schluss gelangen, dass er im Wesentlichen recht hatte: Freiheit, Demokratie und Menschenrechte sind leider nicht, wie wir es so gerne glauben möchten, Instrumente der Emanzipation von der Warengesellschaft, sondern Führungsinstrumente zu ihrer Durchsetzung. Diesem Gedanken sind wir schon begegnet, und er wird uns auch durch das nächste Kapitel begleiten.

Aber versuchen wir zuerst, die wertkritische Aufklärungskritik noch etwas tiefer zu fassen. Wenn diese Kritik ernst genommen werden will, kommt sie ja an einer entscheidenden Frage nicht vorbei: Hat die Aufklärung nicht zumindest das Verdienst, die universelle Gültigkeit der Menschenrechte ein für alle Mal etabliert und damit für alle Zeiten einen Maßstab gesetzt zu haben, an welchem vergangene, gegenwärtige und zukünftige Gesellschaften zu messen sind? Die Wertkritik beantwortet diese Frage folgendermaßen: Die Aufklärung hat diesen Maßstab in der Tat gesetzt, indem sie die Menschenrechte als allgemein gültige *Rechte*, als universellen *Anspruch* aller Menschen in die Welt setzte. Aber gleichzeitig hat sie entscheidend an der Durchsetzung eines Systems gearbeitet, das die universelle *Verwirklichung dieser Rechte verhindert.* Das Diktat der immerwährenden Wertverwertung, zu dessen Durchsetzung die Aufklärung entscheidend beigetragen hat, ist nicht weniger universell als die Gültigkeit der Menschenrechte; und es hat im Konfliktfall Vorrang. Ob es den Autoren der Aufklärung bewusst war oder nicht, sie haben jedenfalls ein Versprechen in die Welt gesetzt, von dem man jetzt weiß, dass es im Kapitalismus nie einzulösen sein wird. Wenn man die Aufklärung mit ihren Versprechen der Freiheit, der Gleichheit, der Demokratie und der Menschenrechte beim Wort nehmen will, so muss man deshalb im Namen ihrer Grundsätze genau das System überwinden und abschaffen, für dessen Einrichtung sie gearbeitet hat.

Die Kritik der Wertkritik an den Menschenrechten bedeutet also nicht, dass wertkritische Autorinnen und Autoren der Ansicht wären, die Menschenrechte müssten abgeschafft werden. Sie gründet vielmehr auf der Erkenntnis, dass die Menschenrechte nicht viel taugen, solange sie nur Rechte sind und nicht selbstverständliche Tatsachen. Aber im Kapitalismus können sie eben nie etwas anderes sein als bloße Rechte, deren Einhaltung in der Regel völlig ungewiss ist. Darum ist die Arbeit von Menschenrechtsorganisationen zwar einerseits innerhalb des Systems unverzichtbar; sie ist aber andererseits eine reine Sisyphusarbeit. Die wertkritische Aufklärungskritik ist deshalb so aggressiv ausgefallen, weil dieser innere Widerspruch der Aufklärung bisher insbesondere von der Linken kaum wahrgenommen wurde. Sie richtet sich denn auch nicht in erster Linie gegen die Autoren der Aufklärung, sondern gegen ihre heutigen linken Bewunderer.

Hilflos liberal! Das Betriebsgeheimnis der Linken

Wie sieht nun aber die Situation der politischen Linken aus, die sich seit jeher als Erbin der Aufklärung verstanden hat? Kann sie trotz des Versagens der Aufklärung halten, was sie den Menschen verspricht: die Abschaffung der Ausbeutung von Menschen durch Menschen und der Natur durch die Menschen? Die Frage stellt sich natürlich nicht für alle die roten und grünen Parteien, die sich heimlich oder offen von ihrem urspünglichen Ziel verabschiedet und schlicht der Verwaltung der Krise des Kapitalismus verschrieben haben, also für die Gesamtheit der sozialdemokratischen und grünen Parteien in Europa und weltweit. Diese präsentieren sich in Wahlen immer als Alternative zu konservativen und neoliberalen Parteien; und manchmal gewinnen sie auf dieser Basis tatsächlich die Wahlen. Aber genau das ist ihr Pech. Denn ihre Wahlsiege erweisen sich regelmäßig als Pyrrhussiege. Aus folgendem Grund: Das warenproduzierende System, das seit den Achtzigerjahren in die Nähe seiner inneren Schranke gelangt ist, lässt in der Politik etwas anderes als Krisenverwaltung gar nicht mehr zu. Politik als Krisenverwaltung, die sich immer öfter zur reinen Elendsverwaltung wandelt, noch dazu unter der Etikette der Erneuerung und Modernisierung – das ist das Schicksal dieser rot-grünen Parteien. Sie sind längst zu Filialen des Neoliberalismus geworden. Sie müssen nicht selten die Drecksarbeit der sozialen und ökologischen Demontage übernehmen, zu der rechte Politik nicht in der Lage ist, weil die Wählenden ihr die Unterstützung versagen. Für alle diese rot-grünen Parteien stellt sich, wie gesagt, die Frage nicht, ob sie zur Überwindung des Kapitalismus willens und fähig sind. Sie sind es nicht.

Aber die anderen politischen Kräfte, die am Ziel der Überwindung und Abschaffung des Kapitalismus festhalten, müssen sich durchaus die Frage gefallen lassen, wie realistisch diese Zielsetzung ist. Haben die linken politischen Kräfte außerhalb der Parteien, Parlamente und Regierungen – das, was man oft die Bewegungslinke nennt – schon nur die Möglichkeit, auf die Überwindung des warenproduzierenden Systems hin zu arbeiten? Die Antwort, die man aufgrund der Erkenntnisse der Wertkritik geben muss, lautet: Die Möglichkeit hätten sie schon; aber nur, wenn sie sich bewusst machen würden, dass dies einen Verzicht auf Politik im herkömmlichen Sinne bedingt. Politik im herkömmlichen Sinne, das sind erstens die Institutionen, die sich im Gefolge der Aufklärung seit Ende des 18. Jahrhunderts in den demokratisch geführten Staaten gebildet haben: die drei Gewalten, Parlament, Regierung und Rechtswesen. Zur Politik gehören aber zweitens im gleichen geschichtlichen Zusammenhang auch die Kräfte, die man als die politische Rechte und Linke bezeichnet. Die politischen Institutionen sowie das gesamte politische Spektrum von rechtsaußen bis linksaußen gehören dem Bereich an, den sich das warenproduzierende System zur Durchsetzung der abstrakten Arbeit geschaffen hat und den man eben kurz die Politik nennt. Politische Parteien und Gruppierungen könnten sich nur daraus befreien, wenn sie den Mut hätten, das warenproduzierende System auf seine Grundkategorien Ware, Arbeit, Wert und Geld und auf die geschlechtliche Abspaltung hin zu untersuchen und zu kritisieren. Davon sind die real existierenden linken Parteien und Gruppierungen, auch viele marxistische, weit entfernt. Sie sind, ob sie es wissen oder nicht und ob sie es wollen oder nicht, dazu verurteilt, als Teil eines Systems zu funktionieren, das sich ihren eigenen Zielsetzungen entgegenstellt.

Was auf den ersten Blick wie ein Fehler, eine Schuld, ein Fehlverhalten der Linken erscheint – eben das mehr oder weniger freiwillige Mitmachen im Dienste neoliberaler Politik –, das erweist sich bei näherem Hinsehen als verhängnisvoller Zwang. Die gesamte Linke kann nichts anderes tun, als im Rahmen des Systems auf eine möglichst gerechte Verteilung der Reichtümer hinzuwirken. Diese Politik war zur Zeit des Fordismus, etwa bis Mitte der Siebzigerjahre, durchaus erfolgreich. Zwar wurde nirgends ein Systemwechsel möglich. Auch der bis 1989/91 »real existierende Sozialismus« stellte ja, wie in diesem Buch schon mehrmals erwähnt, keinen Systemwechsel dar. Aber innerhalb des Systems hat die Linke viel erreicht. In unserer Zeit der abschmelzenden globalen Wertmasse gibt es jedoch nicht mehr so viel zu verteilen wie vor vierzig Jahren, und mit dem Fortschreiten der Krise immer weniger. Deshalb ist linke Politik auf Gedeih und Verderb zum Mitmachen in der Krisenverwaltung angewiesen. In der Hoffnung, die Krise möge doch, gegen alle Systemlogik, einmal ein Ende finden, wirkt sie mit an der Stützung eines Systems, das sich nicht auf ein Ende der Krise, wohl aber auf sein eigenes brutales Ende zu bewegt.

Aus dieser unschönen Rolle könnte die Linke nur herausfinden, wenn sie sich dazu entschlösse, fortan auf ihren »politischen Realismus« zu verzichten, den Robert Kurz die »Schülermitverwaltung des ökonomischen Terrors« genannt hat (Kurz 1999a: 67). Sie müsste die Politik als Aktionsraum verlassen. Das heißt: Sie müsste sich aus ihrer Gefangenschaft im Gefüge der politischen Institutionen und im Links-Rechts-Spektrum befreien. Politik ist ein Durchsetzungsinstrument im Prozess der Wertverwertung. Die Linke müsste darauf verzichten, ein Teil dieses Durchsetzungsinstruments zu sein, und stattdessen etwas ganz Neues wagen. Die Aussichten, dass sie dies bewerkstelligen kann, sind schon nur angesichts ihres immensen Theoriedefizits bescheiden. Denn ein solcher Kurswechsel würde ja voraussetzen, dass man in linken Kreisen mit kategorialer Kapitalismuskritik vertraut wäre. Diese Voraussetzung erfüllt die Linke gegenwärtig in keiner Weise. Wert- und Wertabspaltungskritik sind im Bewusstsein der Linken überhaupt noch nicht angekommen, weil ihr eine Kapitalismuskritik, die über systemimmanente Verteilungsfragen hinausginge, in der Regel vollkommen fremd ist. Sie hat ein Betriebsgeheimnis, das sie selber nicht kennt: Sie kann als Erbin der Aufklärung und der bürgerlichen Revolutionen nichts anderes tun, als dieses Erbe zu verwalten. Ihr Pech ist nur, dass die Aufklärung letztlich nicht ein Emanzipationsprogramm ist, sondern die ideologische Grundlage, die nötig ist, damit die Menschen sich freiwillig in den globalen Arbeitsprozess eingliedern, der ihre Unfreiheit besiegelt. Die Linke verwaltet also ein liberales Erbe, das sie besser abgelehnt hätte. Sie wirkt täglich mit an der Aufrechterhaltung des warenproduzierenden Systems, das ihr als alternativlos gilt. Und wenn die wertkritische Diagnose stimmt, ist sie dazu verurteilt, die finale Krise des Kapitalismus bis zum bitteren Ende mitzuverwalten. Solange ihr diese Einsicht versagt ist, kann sich an ihrer schwierigen Lage nichts Grundsätzliches ändern.

Strafe für die Überbringerin der schlechten Nachricht! Kritik der Wertkritik

Die Wert- und Wertabspaltungskritik hat als gesellschaftskritische Bewegung einen schweren Stand. Sie stößt auch bei kritisch denkenden Menschen auf wenig Echo, wenn sie überhaupt wahrgenommen wird. Und wo sie wahrgenommen wird, fordern ihr kämpferisches Auftreten, ihr oft polemischer Stil und ihre Botschaft Widerspruch und Kritik geradezu heraus. Drei Punkte sind es vor allem, die der Wert- und Wertabspaltungskritik vorgeworfen werden: ihre Ablehnung des Klassenkampfs als Mittel der gesellschaftlichen Befreiung, ihre Praxisverweigerung und die These von der inneren Schranke des Kapitals.

Man stelle sich vor: In der Zeit des Berliner Mauerfalls stieß eine Gruppe westlicher Autoren, die sich auf Marx beriefen, dem, was vom Marxismus übriggeblieben war, den Dolch in den Rücken, indem sie erklärte, der Klassenkampf sei überholt und tauge nicht mehr zur Vorbereitung einer besseren Gesellschaft! Dieser Schock ist bis heute nicht überwunden und hat der Wertkritik die unversöhnliche Gegnerschaft des herkömmlichen Marxismus eingetragen. Es zeigt sich hier eine Eigenheit der Marx-Galaxie: Feindschaften innerhalb der Bewegung haben oft einen höheren Stellenwert als das gemeinsame Ziel der Überwindung des Kapitalismus. In der Klassenkampffrage wirken aber beide Seiten wenig überzeugend. Der Begriff des Klassenkampfs ist stark emotional und ideologisch besetzt. Viele Marxisten können nicht zur Kenntnis nehmen, dass der Klassenkampf nur zu einer Überwindung des warenproduzierenden Systems führen kann, wenn er auf der Grundlage einer kategorialen Kapitalismuskritik geführt wird, und werfen der Wertkritik reflexartig Verrat vor. Und aufseiten der Wertkritik ist man zu zurückhaltend in Bezug auf das Befreiungspotenzial, das der Klassenkampf trotz allem hat. Man könnte über diesen Konflikt kommentarlos hinweggehen, wenn sich nicht aus der »Abschaffung des Klassenkampfs« durch die Wertkritik eine neue Schwierigkeit ergäbe: Die Wertkritik hat nämlich bis heute nicht klargemacht, was denn nach ihrer Meinung den Klassenkampf ersetzen könnte in der nötigen Befreiung der Menschen vom Kapitalismus in der Agonie. Dies hängt zusammen mit dem zweiten Kritikpunkt, nämlich dem Vorwurf der Praxisverweigerung.

Es ist ja in der Tat so, dass die Wertkritik zum antikapitalistischen Widerstand und zur Befreiungspraxis bisher so gut wie nichts beigetragen hat und beitragen wollte. Warum das so ist, das versuchen wertkritische Autorinnen und Autoren immer wieder zu erklären: Die Wertkritik, insbesondere die durch die *EXIT!*-Gruppe vertretene Wertabspaltungskritik, betrachtet ihre theoretische Arbeit mit Recht als einzigartig und unverzichtbar. Man kann diese Arbeit nicht zugunsten einer wie immer gearteten Befreiungspraxis abkürzen. Wer es dennoch versucht und die Theorie vernachlässigt oder einfach aufgibt, wird über kurz oder lang in seiner Praxis ins nächste Debakel hineinschlittern. Es ist, aller Dringlichkeit der vom Kapitalismus verursachten Probleme zum Trotz, noch nicht möglich, die Frage nach praktischen Alternativen schlüssig zu beantworten. Das würde nämlich bedingen, dass schon genügend Menschen verstanden haben, dass der Kapitalismus in einer ausweglosen Entwicklung gefangen ist und nicht verbessert, humanisiert und ökologisiert werden kann. Aber dieses Verständnis fehlt noch, wie etwa das Beispiel der Linken im vorigen Kapitel zeigt. Die Linke ist immer noch auf der Suche nach innerkapitalistischen Alternativen, die es nicht geben kann. So ernüchternd es klingt, Tatsache ist, dass die befreiendste Wirkung gegenwärtig von der geduldig fortgesetzten aufklärenden Theoriearbeit ausgeht. Der *EXIT!*-Autor Herbert Böttcher hat es im Januar 2017 folgendermaßen auf den Punkt gebracht: »Emanzipatorisch ist nicht die berühmte Frage nach Alternativen, sondern die konsequente Kritik der Warengesellschaft und die Reflexion der zerstörerischen Dynamik der mit ihr einhergehenden Krise« (Böttcher 2017: 26).

Der dritte Kritikpunkt ist wohl der folgenreichste: Die wertkritische These von der absoluten inneren Schranke des Kapitalismus, in deren Nähe sich die globale Gesellschaft heute befinde, löst Angst und Abwehrreaktionen aus, ähnlich denen, die die griechische Seherin Kassandra mit ihren Weissagungen auslöste. Die These wird denn auch nicht vor allem mit Argumenten bekämpft, sondern mit Ironie, Spott und Häme. Es war in den ersten zwei Jahrzehnten wertkritischen Schaffens vor allem für Marxisten sehr leicht, sich über die These von der inneren Schranke lustig zu machen. Seit Beginn der Krise 2007 sind die Spötter nun etwas leiser geworden. Trotzdem tritt die Wertkritik nicht ihrerseits triumphierend auf. Ihre These von der inneren Schranke ist ja mit der gegenwärtigen, nicht enden wollenden Krise nicht einfach »bewiesen«. Aber sie hat an der beobachtbaren Oberfläche der Gesellschaft eine vorläufige Bestätigung gefunden. Die Frage, ob aus der vorläufigen Bestätigung eine endgültige werden wird, muss offen bleiben.

3. Wertkritik und gesellschaftliche Befreiung

Der hier beginnende zweite Hauptteil dieses Buchs ist ein Versuch, zwei fast unvereinbaren Ansprüchen gerecht zu werden: einerseits dem Anspruch der Wert- und Wertabspaltungskritik, sich grundsätzlich als Theorie ohne unmittelbaren Praxisbezug zu verstehen, und andererseits dem Wunsch vieler Menschen nach Unterstützung im antikapitalistischen Widerstand. Dieser Gegensatz zeigt sich merkwürdigerweise auch schon in den wertkritischen Texten selbst: Die wertkritischen Autorinnen und Autoren bestehen zwar immer wieder auf ihrem Grundsatz, vor allem eine kategoriale Kritik der politischen Ökonomie zu betreiben. Sie scheinen mögliche Praxisbezüge ihrer Theorie teilweise wie eine Versuchung zu erleben, der sie zu widerstehen haben. Dennoch finden sich in ihren Texten zahlreiche, fast widerwillig geäußerte Hinweise auf eine mögliche Praxis des antikapitalistischen Widerstands. Schon nur das Werk von Robert Kurz enthält Dutzende von Textstellen mit Praxisbezug, die genügend Stoff für eine Arbeit zu diesem Thema abgeben würden. Die Gesamtheit dieser Hinweise kann allerdings kein Programm ergeben; ein fertiges Programm zur Umsetzung wertkritischer Erkenntnisse in die Praxis wäre wohl die beste Gewähr für einen Totalabsturz, wie in den folgenden Kapiteln gezeigt werden soll. Aber wer mit wertkritischem Gedankengut vertraut ist, kann aufgrund dieser Textstellen ein Gespür dafür entwickeln, was in der widerständigen Praxis sinnvoll ist und was nicht.

Der Wertkritik zufolge ist antikapitalistischer Widerstand vor allem einer Gefahr ausgesetzt, die man kennen muss, wenn man nicht schon kurz nach dem Start scheitern will: Es ist die Gefahr der *verkürzten Kapitalismuskritik*. Worin besteht die Verkürzung? Sie ist durch das eilige Bemühen gegeben, »endlich zur Sache zu kommen«, endlich praktisch zu werden, und sei es auch zähneknirschend auf der Grundlage der kapitalistischen Kategorien Ware, Wert, Geld und Arbeit und der geschlechtlichen Abspaltung, deren Kritik zwar nötig, aber halt auch äußerst mühsam ist. Die Gefahr der so verkürzten Kapitalismuskritik liegt darin, dass solcher Widerstand dazu verurteilt ist, in der Tretmühle des nur scheinbaren Widerstands weiterzulaufen und so wider Willen zum Fortbestehen des Systems beizutragen. Eine Praxis, die auf die radikale Kritik der Grundkategorien und der geschlechtlichen Abspaltung verzichtet, kommt nicht über die Situation der Wespe am geschlossenen Fenster hinaus. Wie viele widerständige Bewegungen und Gruppen sind schon im schwarzen Loch der verkürzten Kapitalismuskritik verschwunden, weil sie sich von der Theorie dispensieren und sofort zu handeln beginnen wollten! Die Praxisverweigerung der Wertkritik, insbesondere in der Ausprägung von *EXIT!*, hat diesen Hintergrund.

Es gibt also ein hauptsächliches Kriterium, eine entscheidende Frage, der sich der antikapitalistische Widerstand jederzeit zu stellen hat, wenn er sich nicht selbst zum Scheitern verurteilen will: Baut er auf einer kategorialen Kapitalismuskritik auf oder tut er das nicht? Will er einen Gesellschaftswandel aufgrund der Aufhebung der Kategorien Ware, Wert, Geld und Arbeit und der geschlechtlichen Abspaltung oder nicht? Arbeitet er an der Vorbereitung einer Gesellschaft, in der es nur noch Güter, aber keine Waren mehr gibt, oder nicht? Ist sein Ziel die Abschaffung des Nadelöhrs des abstrakten Reichtums, durch das aller kapitalistische Reichtum sich hindurchzwängen muss, oder nicht? Wirkt er auf die Gestaltung einer Welt hin, in der es weder abstrakte Arbeit noch Geld gibt, oder nicht? Die folgenden Kapitel behandeln unter verschiedenen Gesichtspunkten die Frage, welche Arten von Widerstand diesem Kriterium genügen könnten und welche nicht. Da es zu diesem Thema in der gesamten wertkritischen Literatur nur kurze Texte und verstreute Textstellen gibt, muss ich als Autor diesen zweiten Hauptteil des Buchs in einer ganz anderen Weise verantworten als den ersten. Im ersten ging es um eine möglichst unverfälschte Wiedergabe der wichtigsten wertkritischen Gedankengänge und Erkenntnisse. Im nun folgenden zweiten Hauptteil versuche ich persönlich, ein Bild davon zu entwerfen, was im antikapitalistischen Widerstand aufgrund des oben genannten Kriteriums möglich ist und was nicht. Darum ist dieser Teil seinem Wesen nach unfertig, ergänzungs- und korrekturbedürftig.

Die Befreiung vom Wert ist kein Maßnahmenpaket

Ein Szenario wiederholt sich immer wieder, seit Jahrzehnten: In irgendeinem Land der Welt finden gerade »entscheidende Wahlen« statt. Die alte Regierung mit ihrer Parlamentsmehrheit hat abgewirtschaftet. Neue, unverbrauchte Kräfte hat das Land nötig. Und kurze Zeit später zeigt sich, dass es diesmal wirklich zu einem Machtwechsel gereicht hat. Das Land erlebt einen politischen und wirtschaftlichen Neuanfang. Die neue Regierung macht sich also an die Arbeit und versucht in den folgenden Monaten und Jahren, mithilfe ihrer Parlamentsmehrheit das Maßnahmenpaket umzusetzen, das sie ihren Wählerinnen und Wählern versprochen hat. Über ihren Erfolg oder Misserfolg wird man in ein paar Jahren mehr wissen.

Aufgrund wertkritischer Erkenntnisse können wir für die Fortsetzung dieser sich immer wiederholenden Geschichte eine Prognose wagen, die beste Chancen hat, in jedem denkbaren Fall zuzutreffen: Was immer die neue Regierung für ein Maßnahmenpaket umsetzt, sie kann nur innerhalb des Rahmens Erfolg haben oder scheitern, der durch das System der immerwährenden Wertverwertung gegeben ist. Die Politik, wie wir sie kennen, ist diesem System nachgeschaltet und muss seinem Funktionieren dienen. Sie kann deshalb die Grenzen dieses Systems nie überschreiten. Konkret heißt das: Die Politik kann sich den Sachzwängen der Rentabilität, der Finanzierbarkeit und der Zahlungsfähigkeit nicht entziehen, obwohl diese Sachzwänge sich den Bedürfnissen der Menschen oft brutal entgegenstellen.

Die Institution Politik steht auf dem Boden der kapitalistischen Grundkategorien Ware, Wert, Geld und Arbeit. Deshalb kann sie ihre Maßnahmen nur auf dieser Grundlage umsetzen. Wenn die Wertverwertung im großen Maßstab gelingt, wie zum Beispiel in der kurzen Zeit des späten Fordismus nach dem Zweiten Weltkrieg, läuft alles gut. Aber wenn das kapitalistische System an seine innere und äußere Schranke stößt, wie dies gegenwärtig der Fall ist, kann ihm kein politisches oder wirtschaftliches Maßnahmenpaket aus der Bredouille helfen. Das System ist selbst die Bredouille. Ein Ausstieg aus dem System kann deshalb nie politischen oder wirtschaftlichen Charakter haben. Wir haben es eben nicht mit einem Problem zu tun, das mit politischen und wirtschaftlichen Maßnahmen zu lösen wäre. Wir haben es mit einem System zu tun, das sich mit zunehmender Geschwindigkeit selbst zerstört und die Menschheit in den Abgrund zu reißen droht. Keine politische oder wirtschaftliche Maßnahme könnte daran etwas ändern. Es kann deshalb nicht darum gehen, die verrückte Maschine der Wertverwertung mit einem klug gestalteten Wirtschaftsprogramm und mit einer durchdachten Politik humaner, umweltfreundlicher oder gerechter zu gestalten. Die Maschine bleibt dennoch verrückt. Es geht schlicht darum, sie anzuhalten, zu entsorgen und durch etwas Neues zu ersetzen. Dazu braucht es ein Handeln, das sich nicht durch politische oder wirtschaftliche Maßnahmen definieren lässt.

Bevor man sich in diesem Zusammenhang über das Wie einer solchen Umgestaltung Gedanken machen kann, ist also das Was schon klar: Wenn die Menschheit überleben will, muss es ihr gelingen, sich vom Diktat der abstrakten Arbeit, des abstrakten Reichtums und der geschlechtlichen Abspaltung zu befreien. Lohnarbeit, Geld, Ware und Markt werden in der Gesellschaft, die anzustreben ist, keine entscheidende Rolle spielen. Anstelle von Rentabilitäts- und Finanzierbarkeitsdenken sollen, mit Robert Kurz zu sprechen, die »unverhandelbaren Lebensinteressen« der Menschen (vgl. Kurz 2008) den Maßstab setzen, an dem gesellschaftliches Handeln zu messen ist. Kein Wunder, dass kein Programm zur Schaffung dieser neuen Gesellschaft existiert! Sie wäre ja so weit entfernt von den gegenwärtigen Zuständen, dass ihre Ausgestaltung unser Vorstellungsvermögen übersteigen muss. Es wird wohl auch nie ein solches Programm geben. Anstelle eines Programms werden wahrscheinlich zahlreiche klein- und großräumig, kurz- und langfristig angelegte Experimente den Weg in diese neue Gesellschaft weisen.

Eine Gesellschaft ohne Waren, Geld und Lohnarbeit, das ist die Utopie, von der schon am Anfang des zweiten Teils die Rede war. Die Menschheit sieht sich vor der überlebenswichtigen Aufgabe, eine utopische Gesellschaft zu verwirklichen, von der wir eines schon sicher wissen: Die selbstzweckhafte Wertverwertung wird in dieser Gesellschaft ausgedient haben. Damit ist aber auch ein zweites gesagt: Die Kehrseite der Medaille der Wertverwertung, nämlich die geschlechtliche Abspaltung, wird dieser Gesellschaft ebenso fremd sein wie die Wertverwertung selbst. Eine dritte Eigenschaft lässt sich auch schon erahnen: Pyramidenprojekte, die allein der Herrschaft des abstrakten Reichtums und nicht den Lebensinteressen der Menschen dienen, werden in dieser Gesellschaft keinen Platz haben. Damit ist auch ein vierter Punkt angedeutet: Die Transformation, die zur Schaffung dieser Gesellschaft nötig ist, dürfte im Wesentlichen ein Programm der Abschaffungen[17] sein. Darauf werden wir später zurückkommen.

Im Kapitalismus gibt es kein Zurück

Die globale Gesellschaft befindet sich gegenwärtig in einer paradoxen Situation: Noch nie war so vielen Menschen das Ausmaß der Gefahren bewusst, die die Menschheit bedrohen; und wahrscheinlich noch nie fühlten sich so viele ohnmächtig angesichts dieser Gefahren. Millionen von Aktivistinnen und Aktivisten, Tausende aktiver Gruppen kämpfen für eine bessere Welt, und trotzdem scheint sich schon nur die Hoffnung auf eine bessere Welt immer mehr von uns zu entfernen. Auf dem

17 Der Ausdruck »Programm der Abschaffungen« findet sich in einem unveröffentlichten Manuskript von Karl Korsch. Er wird hier ohne Bezug auf dieses Manuskript verwendet.

Hintergrund wertkritischer Analysen gibt es dafür eine Erklärung: Innerhalb des kapitalistischen Systems ist die Schaffung einer »besseren Welt« nicht mehr möglich, weil das System sich selbst und die Welt in atemberaubendem Tempo zerstört. Diese Erklärung ist für viele so schwer zu ertragen, dass sie sie immer wieder beiseiteschieben und verdrängen. Dabei setzt der Kampf für eine bessere Welt voraus, dass man dies illusionslos zur Kenntnis nimmt: Innerhalb des Systems ist die Situation ausweglos. Was allerdings keineswegs bedeutet, dass es überhaupt keinen Ausweg gäbe.

Warum genau befindet sich der Kapitalismus in einer ausweglosen Situation? Rufen wir uns in Erinnerung, dass die Wertkritik die Erkenntnis von Marx wieder aufnimmt, der zufolge das Kapital ein prozessierender Widerspruch ist. Prozessierend – das heißt: nicht statisch, sondern dynamisch fortschreitend, und daher nie zweimal im gleichen Zustand. Ein Widerspruch – das heißt: ein Gegensatz zweier sich widersprechender Tendenzen. Das Kapital muss im Widerstreit zwischen dauernder Produktionssteigerung einerseits und dauernder Produktivitätssteigerung andererseits allmählich die Lohnarbeit aus der Warenproduktion eliminieren, obwohl es im Kapitalismus einzig die Arbeit ist, die Wert, also Reichtum schafft. Solange die Steigerung der Produktion das Wegschmelzen der Arbeit wettmachen kann, das durch die Steigerung der Produktivität verursacht wird, ist Wertzuwachs trotzdem global möglich. Wenn die Produktion aber nicht mehr entsprechend ausgeweitet werden kann, gelangt das System an seine innere Schranke, kommt es zu einem Abschmelzen der globalen Wertmasse. Und ungefähr gleichzeitig stößt es an seine äußere Schranke, die durch die Begrenztheit der Ressourcen und des Fassungsvermögens der »Mülldeponie Erde« gegeben ist. Der Wertkritik zufolge befindet sich der Kapitalismus seit Ende der Siebzigerjahre in dieser Phase. Und spätestens seit dem Beginn der gegenwärtigen Krise 2007 verdichten sich in der beobachtbaren Wirklichkeit die Anzeichen, dass die wertkritische Diagnose zutrifft. Die Weltwirtschaft befindet sich demzufolge nicht in einer Krise, von der sie sich wieder erholen könnte, sondern in einer finalen Krise, die den unwiderruflichen Niedergang des Kapitalismus anzeigt.

Die Krise lässt sich also nicht bewältigen. Die einzige Möglichkeit, darauf angemessen zu reagieren, wäre ein kollektiv beschlossener und durchgeführter Ausstieg aus dem System, dessen gegenwärtige Entwicklungsphase den Charakter einer finalen Katastrophe annimmt. Das ist die wichtigste wertkritische Erkenntnis. Aber weil sich diese Erkenntnis bisher nicht hat durchsetzen können, werden in der globalen Gesellschaft zahlreiche Anstrengungen unternommen, der Krise trotz allem Herr zu werden, und zwar ohne dass über die Notwendigkeit eines Ausstiegs auch nur ernsthaft nachgedacht würde. Das Bild der Wespe am geschlossenen Fenster drängt sich wieder auf: Man hofft, gegen alle Evidenz und ohne die geringste Aussicht auf Erfolg, innerhalb des kapitalistischen Systems einen Weg zu finden, der schließlich doch die Rettung bedeuten könnte. Der wertabspaltungskritische Autor Herbert Böttcher hat das auf die Kurzformel gebracht: »Das Unmögliche muss möglich sein, weil nicht sein kann, was nicht sein darf: das Ende des Kapitalismus« (Böttcher 2017: 21).

Bemerkenswert ist dabei, dass alle Rettungsversuche auf der Illusion aufbauen, in den prozessierenden Selbstwiderspruch des Kapitals sei so etwas wie ein Rückwärtsgang eingebaut. Darum herrscht im ganzen politischen Spektrum die Vorstellung, die Warengesellschaft müsste nur den Weg zurück in die Fünfziger-, Sechziger- oder Siebzigerjahre des zwanzigsten Jahrhunderts finden, als die Wertverwertung über weite Strecken noch problemlos gelang. Dann würden sich wieder genügend Arbeitsplätze schaffen lassen. Dann könnte man endlich international ökologische, soziale und ethische Standards durchsetzen. Dann wäre ein wirksamer Umwelt- und Klimaschutz möglich. Dann würden keynesianische Maßnahmen, zum Beispiel staatliche Konjunkturspritzen, wieder greifen. Dann würden sich die Märkte national und international regulieren lassen. Dann wäre also eine gerechtere Gesellschaft möglich. Und mit dem Patriarchat könnte man endlich Schluss machen.

Diese Hoffnung auf eine Rückkehr zu früheren Phasen des warenproduzierenden Systems ist unüberbietbar wirklichkeitsfremd. Das System hat keinen Rückwärtsgang. Und wieder mit Böttchers Worten: »Das intensive Wünschen hilft nur im Märchen – nicht aber gegen die als Widerspruch prozessierende Wert-Abspaltungs-Logik« (a. a. O.: 22). Nun ist aber das Denken sowohl der Linken wie der Rechten in dieser Beziehung fast reines Wunschdenken. Die verhängnisvolle Vorstellung, die Krise müsse doch besiegbar sein und ein Ende haben, sie dürfe einfach nicht eine finale Krise sein, ist so allgegenwärtig wie die Luft, die wir atmen. Diese Praxis des Verdrängens und Verleugnens hat zwar bisweilen eine komische Seite, vor allem aber auch eine schreckliche; denn wenn dem hilflosen Hoffen, Wünschen und Wollen nichts entgegengesetzt wird, dann droht die warengesellschaftliche Wirklichkeit zum Albtraum zu werden. Dann setzt die Suche nach Sündenböcken ein. Dann wird die Zuflucht zur Gewalt als Mittel der Auseinandersetzung »gesellschaftsfähig«. Dann sind die autoritäre Notstandsverwaltung und letztlich das Abgleiten in den Faschismus unvermeidlich. Die gegenwärtige gesellschaftliche Situation auf der ganzen Welt und neuerdings insbesondere auch in den kapitalistischen Zentren Nordamerika und Europa bietet dazu genügend bedrückenden Anschauungsunterricht.

Befreiungspraxis kann nur eine Chance haben, wenn sie vor der Wirklichkeit des prozessierenden Widerspruchs nicht die Augen verschließt. Sie muss sich vom Wunschtraum verabschieden, der Kapitalismus möge doch schließlich noch irgendwie zu retten sein. Leider ist die Warengesellschaft insbesondere in den Zentren noch nicht einmal ansatzweise zur Erkenntnis fähig, dass eine Rettung des Kapitalismus unmöglich ist. Sie kann ihre eigene Lage nicht verstehen, geschweige denn an einer wirksamen Transformation arbeiten. Sie ist ihrer selbst nicht mächtig. Das ist der Grund, weshalb wertkritische Autorinnen und Autoren sich in der Regel weigern, auf Fragen der Befreiungspraxis überhaupt einzugehen. Wie sollte denn eine Praxis aussehen, deren Grundlage ein bloßer Wunschtraum ohne Realitätsbezug ist! Auf Fragen der Befreiungspraxis kann deshalb auch dieses Buch erst eingehen, wenn die Vorstellung von einem reparierbaren Kapitalismus als Illusion erkannt ist. Darum sind die drei nächsten Kapitel dieser Vorstellung in ihren verschiedenen Ausprägungen gewidmet.

Der Traum vom Primat der Politik

Seit Beginn der neoliberalen Ära wird von linker Seite immer wieder die Forderung laut, Nationalstaaten und internationale politische Institutionen müssten der Marktwirtschaft die Grenzen setzen und die Regeln vorgeben, innerhalb derer sie frei funktionieren könne. Diese Forderung setzt als selbstverständlich voraus, politische Instanzen seien der Wirtschaft kraft ihrer Autorität als gesetzgebende Behörden übergeordnet. Wenn transnationale Konzerne sich zügellos gebärden dürfen, so könne dies folglich einzig am schlechten Willen der politisch Verantwortlichen liegen, die die Wirtschaft nicht in die Schranken wiesen, wie sie es eigentlich tun sollten. Und sie täten es nicht, folgert man weiter, weil sie Teil eines undurchdringlichen Filzes seien, der auf nationaler und internationaler Ebene alle wesentlichen Veränderungen verhindere. Die Politik habe sich ganz offensichtlich in den Dienst der Wirtschaft gestellt, in den Dienst der Reichen, der Konzerne, der Banken, der Wall Street, kurz: in den Dienst des Kapitals. Oppositionelle politische Kräfte, Parteien und Bewegungen sehen darin häufig ihre Chance. Sie hoffen, dem Filz ein Ende zu bereiten, und rufen auf zum Kampf gegen das »Establishment«, zu dem sie sich selbstverständlich nicht zählen. Immer bewegen sie sich aber innerhalb der vorgegebenen Strukturen auf der Basis der Grundkategorien Ware, Arbeit, Wert und Geld in der Vorstellung, der Kapitalismus lasse sich per Verordnung oder mit dem Wahlzettel gestalten, zügeln, nötigenfalls durch ein anderes System ersetzen. Der Primat der Politik müsse gegenüber der Wirtschaft nur endlich durchgesetzt werden.

So verbreitet diese Sichtweise vor allem in linken Kreisen ist, so verkehrt ist sie auch. Die nationalen und internationalen politischen Institutionen, auch und vor allem die demokratischen, und das Rechts-Mitte-Links-Spektrum bilden nicht einfach den Rahmen, dessen die Wirtschaft bedürfte, um funktionieren zu können. Sie sind vielmehr Durchsetzungsinstrumente im globalen Prozess der Wertverwertung, und diese Instrumente hat sich das warenproduzierende System im Laufe der letzten zweieinhalb Jahrhunderte geschaffen. Der Staat und die überstaatlichen politischen Institutionen können sich deshalb nie aus ihrer Rolle als Instrumente des »automatischen Subjekts« befreien. Von einem Primat der Politik kann im Kapitalismus grundsätzlich keine Rede sein. Primat, also Vorrang, hatte und hat in der Durchsetzungsgeschichte des Kapitalismus immer die Geldvermehrung.

Was muss man also beachten, wenn man die Notwendigkeit eines Ausstiegs aus dem warenproduzierenden System erkannt hat? Aufgrund der Erkenntnisse der Wert- und Wertabspaltungskritik stehen zwei Dinge im Vordergrund: Erstens darf man sich nicht der Illusion hingeben, die institutionelle Politik könnte doch eines Tages zu einem Mittel der Befreiungspraxis werden. Politik kann sich nie dem Funktionszusammenhang von Geld, Markt und Staat entziehen. Sie spielt sich immer auf der Basis der Grundkategorien Ware, Arbeit, Wert und Geld ab, die einer wirklichen gesellschaftlichen Befreiung als unüberwindbares Hindernis im Wege stehen. Darum kann emanzipatorisches Handeln grundsätzlich nicht in den bestehenden politischen Zusammenhängen geschehen. Keine Regierung, kein Parlament und keine Volksabstimmung kann die Befreiung der Menschen vom Zwang der Geldvermehrung beschließen. Der Kapitalismus wird nicht durch Regierungs- und Parlamentsbeschlüsse, Wahlen und Volksabstimmungen abgeschafft.

Zweitens aber sollte man sich bewusst machen, dass durchaus andere Formen gesellschaftlichen Handelns denkbar sind als diejenigen, die die institutionelle Politik vorgibt. Sobald Menschen gemeinsam über wirklich alles beraten und entscheiden, was sie gemeinsam betrifft, können sie die Grenze dessen überschreiten, was wir unter Politik verstehen. Menschen können sich gemeinsam der Leistungsmaschine verweigern, dem Konkurrenzdenken, der Produktion von abstraktem Reichtum; sie können gemeinsam ihr Schicksal in die Hand nehmen und gemeinsam entscheiden über die Verwendung der menschlichen und natürlichen Ressourcen. Das muss auf der lokalen Ebene beginnen; und wenn Entscheidungen auf einer höheren Ebene nötig sind, müssen Delegierte entsandt werden, die an ein Mandat gebunden und jederzeit abberufbar sind. Diese Art der Basisdemokratie nannte man in der Geschichte des antikapitalistischen Widerstands Räte. Rätedemokratien sind zwar zumeist gescheitert, zum Teil weil sie in den kapitalistischen Kategorien Arbeit, Wert, Geld, Markt befangen blieben, zu einem andern Teil aber auch weil sie für das System der Wertverwertung durch abstrakte Arbeit eine Gefahr bildeten und deshalb zerschlagen wurden. Wenn Räte unbehindert arbeiten könnten, wären sie vermutlich dort erfolgreich, wo es ihnen gelänge, sich über die kapitalistischen Grundkategorien hinwegzusetzen. Sie müssten sich also grundsätzlich den Fragen der Rentabilität, der Finanzierbarkeit und der Zahlungsfähigkeit verweigern. Lohnarbeit, Geld, Markt und die geschlechtliche Abspaltung hätten in diesen Rätedemokratien keinen Platz.

Der Weg dorthin dürfte sehr lang sein. Von den kapitalistischen Grundkategorien befreit man sich nicht mir nichts, dir nichts. Und der Mythos vom Primat der Politik ist zählebig. Außerdem erfordern Rätedemokratien etwas, was vielen im gesellschaftlichen Widerstand tätigen Menschen genauso abhanden gekommen ist wie den meisten Menschen im warenproduzierenden System: Geduld. Gemessen an europäischen und nordamerikanischen Effizienzkriterien erfolgt basisdemokratisches Arbeiten nämlich unglaublich langsam, wie etwa die Erfahrungen der Zapatisten im mexikanischen Bundesstaat Chiapas zeigen. Basisdemokratisch arbeitende Räte können offenbar am besten aufgrund einer »Palaverkultur« funktionieren, die in unseren Breitengraden erst einmal zu erlernen ist. Das ist ein Teil des Lernprozesses, den die Menschheit durchlaufen muss, wenn sie sich vom Diktat des Werts und der abstrakten Arbeit befreien will.

Der Traum vom verbesserten Kapitalismus

Die sozialen und ökologischen Verwüstungen, die der Kapitalismus anrichtet, sind nicht mehr zu übersehen. Sie springen ins Auge. Man muss nicht Marxismus oder Wertkritik studiert haben, um sie wahrnehmen zu können. Sie haben zahlreiche empörte Kritiken und entschlossene Reaktionen zur Folge. Und sie sind das Aktionsfeld vieler Bewegungen, die nicht tatenlos zusehen wollen, wie die Wirtschaft die Welt zugrunde richtet. Umweltschutzbewegungen wie *WWF* und *Greenpeace*, Entwicklungshilfeorganisationen wie *OXFAM*, Bewegungen für eine faire Globalisierung wie *Public Eye* oder globalisierungskritische wie *Attac*, aber auch Initiativen zu einer Geldreform oder zur Schaffung eines bedingungslosen Grundeinkommens sind Beispiele dafür.

Die meisten dieser Organisationen sind in einer Zeit entstanden, wo die durch den Kapitalismus verursachten Schäden massiv zunahmen und für jedermann sichtbar wurden. Ihre Kapitalismuskritik ist denn auch, aus der Nähe besehen, zumeist eine Kritik an der bis heute andauernden jüngsten Phase des Kapitalismus, also am Neoliberalismus. Die mit dieser Phase verbundene Ideologie des *Laissez faire* ist in ihrer kriminellen Dummheit leicht zu kritisieren; entsprechend zahlreich sind neoliberalismuskritische Publikationen. Was dabei aber in der Regel übersehen wird: Der Neoliberalismus ist nicht unter verschiedenen denkbaren Kapitalismusvarianten die besonders bösartige, die das Rennen in den Siebzigerjahren gemacht hat und die man durch eine weniger bösartige ersetzen könnte. Er war damals die Rettung des Kapitalismus vor dem großen Absturz. Seine Machtergreifung war die unvermeidliche Folge der Rat- und Hilflosigkeit keynesianischer Wirtschaftspolitik. Insofern ist Kritik am Neoliberalismus nur eine verkürzte Kapitalismuskritik, die die Basiskategorien ausblendet. Sie kritisiert die Symptome und nicht die Ursachen. Sie dispensiert sich davon, den Dingen auf den Grund zu gehen.

Folglich sind alle Maßnahmen, die diese Bewegungen vorschlagen und durchführen, nicht Versuche zur Überwindung des kapitalistischen Systems, sondern Versuche zu seiner Verbesserung und Erhaltung. Es sind Symptomtherapien. Nun können Symptomtherapien zwar durchaus wirkungsvoll sein. Aber im Falle des sich selbst zerstörenden warenproduzierenden Systems in seiner Endphase sind diese Verbesserungsversuche ein hoffnungsloses Unterfangen, eine echte Sisyphusarbeit. Man kann bestenfalls anstreben, das Ende mit Schrecken in einen Schrecken ohne Ende zu verwandeln. Das ist der harte und nicht leicht zu verkraftende Vorbehalt der Wert- und Wertabspaltungskritik an die Adresse aller dieser Bewegungen. In seiner Radikalität steht dieser Vorbehalt aber im Verdacht, nicht nur radikal, sondern auch allzu pauschal und damit ungerecht zu sein. Deswegen müssen wir im Folgenden einige der kritisierten Bewegungen und Tendenzen genauer betrachten.

Sehen wir uns zuerst die Bemühungen zur Schaffung einer *grünen Wirtschaft* an. Daran sind alle Parteien, Organisationen und Gruppen beteiligt, die die Wirtschaft umweltverträglich und klimaneutral gestalten wollen. Man muss nicht wertkritische Erkenntnisse bemühen, um einzusehen, dass diese Bestrebungen vollkommen wirklichkeitsfremd sind. Man kann nämlich auch ohne wertkritischen Hintergrund verstehen, dass Ökonomie und Ökologie einen unversöhnlichen Gegensatz bilden. Es gibt mittlerweile genügend Publikationen, die belegen, dass die Hoffnung auf ein klimaneutrales warenproduzierendes System und ein umweltverträgliches Wirtschaftswachstum eine Illusion ist, brauchbar zwar für die Gewissensberuhigung ökologisch sensibler Leute, aber von der ökonomischen und ökologischen Realität weit entfernt. Wenn dem nicht so wäre, müsste sich ja irgendwann und irgendwo wenigstens ansatzweise an Beispielen aufzeigen lassen, dass es funktionieren kann. Aber solche Beispiele gibt es nicht. Die Menschheit ist offensichtlich nicht unterwegs zu einer grünen Wirtschaft. Sie steht vielmehr mitten im »Krieg des Kapitals gegen den Planeten«; so die Diagnose dreier US-amerikanischer Umweltsoziologen (vgl. Foster/Clark/York 2011).

Die Erklärung für diesen deprimierenden Sachverhalt finden wir in einer zentralen wertkritischen Erkenntnis. Sie ist in diesem Buch schon mehrfach dargelegt worden. Die Produktion von immer mehr abstraktem Reichtum hat im Kapitalismus absoluten Vorrang. Sie wird jedoch immer schwieriger, weil im allgemeinen kapitalistischen Konkurrenzkampf die Produktivität bei Strafe des Untergangs dauernd zunehmen muss. Das bedeutet, dass im Fortschreiten des prozessierenden Widerspruchs nur schon zur Herstellung von gleich viel abstraktem Reichtum – also zur Erzielung von gleich viel Gewinn – die Produktion von immer mehr stofflichem Reichtum nötig ist. Der Kapitalismus könnte deshalb nur am Leben erhalten werden, wenn es gelänge, gegen alle Vernunft den stofflichen Reichtum und den dazu nötigen Ressourcenverbrauch dramatisch auszuweiten, und sei es auch unter Missachtung aller ökologischen oder klimapolitischen Erfordernisse. Genau dieser Versuch ist aber gegenwärtig weltweit im Gange. Er ist für die Menschheit eine tödliche Gefahr. Die globale Wertmasse kann zwar in der Nähe der inneren Schranke nicht mehr wachsen. Aber das bedeutet eben keineswegs, dass das System deswegen nicht mehr unter Wachstumszwang stehen würde. Man produziert also gegen die Systemlogik immer mehr stofflichen Reichtum und verbraucht entsprechend mehr Ressourcen, in der vergeblichen Hoffnung, dass damit auch eine Zunahme des abstrakten Reichtums einhergehe. Hierin liegt der eigentliche Grund, weshalb die Forderung nach einer grünen Wirtschaft nicht nur unrealistisch, sondern brandgefährlich ist. Unrealistisch ist sie, weil der stoffliche Output sogar dann zunimmt, wenn die Wertschöpfung stagniert oder sinkt, wodurch alle Bemühungen um eine wirkliche Ökologisierung der Wirtschaft zunichtegemacht werden. Und brandgefährlich ist die Forderung, weil sie diese Tatsache ignoriert und ausblendet.

Auf einer ganz anderen Ebene bewegen sich Gruppen und Bewegungen, die sich für *alternative Wirtschaftsmodelle* starkmachen. Unter den Stichwörtern Selbstverwaltung, solidarische Ökonomie, Gemeinwohlökonomie, Allmende, Commons, regionale Alternativwährungen, Schenkökonomie und so weiter werden Produktions- und Lebensweisen propagiert, die sich – meist in einem lokalen oder regionalen Rahmen –

vom Diktat der kapitalistischen Profitmaximierung distanzieren. Ihnen allen geht es darum, solidarisches Handeln, ethische Grundsätze, persönliche und kollektive Verantwortung bei der Produktion und der Verteilung von Gütern wirksam werden zu lassen. Jede dieser Bewegungen verdient Aufmerksamkeit und Respekt. Sie haben auch zuweilen im von ihnen selbst gesteckten Rahmen beachtliche Erfolge vorzuweisen und machen vielen Menschen Mut. Das darf man nicht geringschätzen. Aber sie kranken alle am gleichen Übel: Die von ihnen angebotenen Alternativen sind keine wirklichen Alternativen zum Kapitalismus. Sie bewegen sich notgedrungen auf dem Terrain der gegenwärtigen Krisenverwaltung und können leicht von dieser vereinnahmt werden. Keine dieser Bewegungen will in die Tiefe der radikalen Kapitalismuskritik eintauchen. Im Gegenteil arbeiten sie alle an der Verbesserung eines Systems, das nicht verbessert werden kann. Das ist ihre Schwäche. Die Grundkategorien Arbeit, Ware, Wert, Geld und Markt werden von ihnen nicht in Zweifel gezogen. Das ist der Grund, weshalb sie von der Wert- und Wertabspaltungskritik abgelehnt werden. Den oft in der Ablehnung von dieser Seite mitgelieferten Spott und Sarkasmus würden sie zwar nicht verdienen. Aber es lässt sich nicht wegdiskutieren, dass sie eine verkürzte Kapitalismuskritik betreiben.

Der Wunschtraum einer dauerhaften Verbesserung des Kapitalismus äußert sich außerdem oft in der *Forderung nach einem bedingungslosen Grundeinkommen.* Man stelle sich vor, alle Menschen eines Landes hätten Anrecht auf einen regelmäßig ausbezahlten Geldbetrag, unabhängig von ihrer individuellen Lebens- und Arbeitssituation. Was könnte man aus wertkritischer Sicht gegen dieses Grundeinkommen haben, eine soziale Institution, die die Menschen von der Verpflichtung zur Lohnarbeit für die Sicherung ihres Überlebens befreien könnte? Die Antwort kann kurz ausfallen: Das Grundeinkommen muss von der Volkswirtschaft des betreffenden Landes finanziert werden. Es ist nur auf der Grundlage der Kategorien Arbeit, Wert und Geld überhaupt denkbar. Keine Spur von Ausstieg aus dem Kapitalismus! In einer Zeit, wo die Wertverwertung immer schwieriger wird, könnte das Grundeinkommen überdies niemals existenzsichernd sein, selbst in den westeuropäischen und nordamerikanischen Volkswirtschaften, deren Reichtum doch dank ihres Vorsprungs in der Durchsetzung der abstrakten Arbeit und dank der erfolgreichen Ausplünderung der anderen Kontinente weit über dem Weltdurchschnitt liegt. Aber gerade weil es nicht existenzsichernd sein kann, wäre das Grundeinkommen bestens geeignet als Instrument zur drastischen Senkung der Löhne und zur Abschaffung sozialer Institutionen in diesen Ländern. So könnten die überflüssig Gewordenen gleichzeitig notdürftig durchgefüttert und wirksam diszipliniert werden. So gesehen, hat das Grundeinkommen gar keine schlechten Chancen, im Rahmen neoliberaler Politik in den nächsten Jahrzehnten eingeführt zu werden. Mit sozialer Emanzipation hat das nichts zu tun.

Eine andere Forderung müssen wir in diesem Zusammenhang viel ernster nehmen als diejenige nach einem Grundeinkommen: Es ist die *Forderung nach dem guten Geld.* Geldkritik und die Forderung nach Geldreformen sind im heutigen Kapitalismus eine alltägliche Sache, die unter verschiedenen Marken angeboten wird: Zinskritik, natürliche Wirtschaftsordnung, Freiwirtschaft, Schwundgeld, Vollgeld und so weiter. Sie beruhen alle auf der Vorstellung, die Wirtschaft benötige ein besseres Geld; dem heute gebräuchlichen, schlechten Geld fehle eine Basis, eine Rechtfertigung, die es zu gutem Geld machen könnte. Nach dieser Vorstellung krankt der Kapitalismus nicht an seinen inneren Widersprüchen, sondern allein an der Tatsache, dass er leider mit einem verdorbenen Zahlungsmittel arbeiten muss, wo es doch nur einer Reform bedürfte, um aus diesem ein ehrliches, legales zu machen. In dieser Optik ist es unvermeidlich, dass hinter der Tatsache des schlechten Geldes Schuldige gesucht und gefunden werden, die die ganze Geldmisere verursachen: die Banken. Diese Suche nach Schuldigen hat, nebenbei bemerkt, eine schmutzige Komponente in Form eines latenten oder manifesten Antisemitismus. Sie tauchte schon beim Zinskritiker Proudhon auf und bei heutigen Geldreformern findet sie sich zum Teil in virulenter Form wieder.

Viele Geldreformer lassen einen fast missionarischen Eifer spüren. Sie sehen sich als Aufklärer, die, wenn man ihnen nur glauben wollte, der Menschheit den Weg vom schlechten zum guten Kapitalismus weisen könnten. Aus wertkritischer Sicht hat diese Haltung etwas Tragikomisches. Denn was ist Geld, wertkritisch gesehen? Es ist ein Fetisch und hat selbstzweckhaften Charakter. Aus Geld muss mehr Geld werden. Warum? Weil es den Wert, den niemals sichtbaren, verkörpert, der sich vermehren muss. Es ist ein Nichts, die totale Leere, der abstrakte Reichtum, der als automatisches Subjekt die Menschen kujoniert. Die Forderungen nach Geldreformen kommen, so gesehen, dem Anspruch gleich, dem Fetisch ein neues Mäntelchen überzuziehen, das ihm endlich die Würde verleihen könnte, die er bisher nicht hatte. Aus wertkritischer Sicht sind Geldreformen eine rein innerkapitalistische Angelegenheit. Sie können wertkritisch informierte Menschen auf der Suche nach Möglichkeiten der gesellschaftlichen Befreiung nicht interessieren.

Einen ähnlichen Vorbehalt macht die Wertkritik gegenüber allen Ansprüchen, den *Kapitalismus nach ethischen Grundsätzen zu gestalten.* Wie Ökonomie und Ökologie bilden auch Wirtschaft und Ethik ein unvereinbares Gegensatzpaar. Alle Versuche, die Wirtschaft nach ethischen Prinzipien zu gestalten, müssen darauf hinauslaufen, Personen für Entwicklungen haftbar zu machen, die sich außerhalb ihres Kompetenzbereichs abspielen. Selbst tiefstes Verantwortungsbewusstsein der einzelnen Funktionsträger kann an der Wertlogik nichts ändern, die dem ganzen Geschehen zugrunde liegt. Zwar verdienen im Hamsterrad der Verwertungslogik ethisch bewusst handelnde Menschen Achtung und Respekt. Aber sie können das Hamsterrad nicht anhalten.

Schließlich ist noch eine Bewegung zu betrachten, die die Wirtschaft ungleich ernsthafter kritisiert als alle bisher erwähnten. Das ist die internationale wachstumskritische Bewegung *Décroissance* oder *Degrowth.* Sie hat es im Gegensatz zu den anderen genannten Kräften gewagt, das Tabu des Wirtschaftswachstums anzutasten. Sie baut auf einer sehr einfachen

Erkenntnis auf: In einer begrenzten Welt ist kein unbegrenztes Wachstum möglich. Die daraus folgende Wachstumsverweigerung ist allerdings so ausschließlich praxisbezogen, dass sie unweigerlich in eine Sackgasse gerät. Ihr Augenmerk richtet sie vor allem auf Fragen des Konsums. Propagiert wird in verschiedenen Formen das »gute Leben«, eine materiell bescheidene und entschleunigte Lebensweise, die den Genuss nicht ausschließt, sondern diesen erst möglich macht. Damit verbunden ist eine kapitalismuskritische Tonlage, die jedoch weit entfernt ist von einer eigentlichen Kapitalismuskritik. Kritisiert werden vor allem Mentalitäten, die sich dem bescheidenen Leben entgegenstellen: Gier, Maßlosigkeit, »Produktivismus«, »Ökonomismus«. Das Ziel, den Kapitalismus abzuschaffen, interessiert aber die meisten Wachstumsverweigernden nur bedingt. Für so theoretische Fragen wie kategoriale Kapitalismuskritik möchten sie ihre Zeit nicht opfern. Die Dringlichkeit der ökologischen Probleme und deren Lösung stehen für sie im Vordergrund. Sie setzen sich deshalb für eine globale Wirtschaftsschrumpfung ein. Die dahinter stehende Überlegung ist so einfach wie falsch: Je weniger die Wirtschaft wächst oder je stärker sie schrumpft, desto besser geht es der Umwelt. Das würde so nur stimmen, wenn mit dem Wachstum auch der Wachstumszwang ausbleiben würde. Das ist aber im Kapitalismus nie der Fall. Der dem System innewohnende Wachstumszwang wird, wie weiter oben gezeigt, dann am gefährlichsten, wenn das Wachstum in der Krise allmählich ausbleibt. Was auch bei wirtschaftlicher Stagnation oder Schrumpfung, also bei gleichbleibendem oder abnehmendem abstraktem Reichtum weiter wächst, ist nämlich der stoffliche Output und damit der Ressourcenverbrauch. Der prozessierende Selbstwiderspruch führt bei wirtschaftlicher Stagnation oder Schrumpfung geradewegs ins gesellschaftliche und ökologische Chaos, wie es in einigen Kapiteln dieses Buchs beschrieben wurde. Die gegenwärtige katastrophale Lage der Menschheit ist durch die unerträgliche Spannung zwischen Wachstumszwang und Wachstumsstillstand geprägt. Diese Spannung lässt sich nicht vermeiden oder beheben. Sie ist durch die innere und die äußere Schranke gegeben, in deren Nähe sich der Kapitalismus gegenwärtig befindet. Keine Verbesserung des Kapitalismus und keine Wachstumsverweigerung kann die Menschheit aus dieser Lage hinausführen. Nur ein Ausstieg aus dem System könnte Abhilfe bringen.

Das Versagen der *Décroissance*-Bewegung liegt ganz nahe bei ihrer größten Chance: Wenn sie den Mut zu einer kategorialen Kapitalismuskritik hätte, könnte sie im antikapitalistischen Widerstand eine Führungsrolle übernehmen. Der Tabubruch der Wachstumskritik gibt ihr nämlich einen Vorsprung vor anderen Widerstandsbewegungen, den sie nutzen sollte. Da die meisten Wachstumsverweigernden aber auf Praxis geradezu versessen sind, wird die Bewegung diesen Vorsprung vermutlich verspielen. Das Theoriedefizit der *Décroissance*-Bewegung ist denn auch ihr größtes Handicap. Dieses Defizit birgt außerdem eine Gefahr, die vielen Wachstumsverweigernden kaum bewusst ist: Rein ökologisch motivierte Wachstumskritik kann leicht von reaktionären Bewegungen vereinnahmt werden. Das geschieht immer wieder und hat System. Rechtsextreme Kräfte können ein Interesse daran haben, gutwillige Wachstumsverweigerer in ihrem Sinne arbeiten zu lassen nach der Devise: »Links und Rechts gibt es nicht mehr. Wenn nur das Wachstum verhindert wird, darf man selbst den Faschismus in Kauf nehmen.« Das ist die Querfront-Strategie, von der schon im Kapitel »Vom Vorteil, ausgebeutet zu werden« die Rede war.

Der Traum vom richtigen Leben im falschen

Wenn man im antikapitalistischen Widerstand die Hoffnung aufgeben muss, den Kapitalismus sozialer, menschlicher, ökologischer und klimaschonender zu gestalten, kann man leicht auf das Vorhaben verfallen, die befreite Gesellschaft, die sich im Großen nicht verwirklichen lässt, versuchsweise wenigstens im Kleinen zu gestalten. Das, was heute oft das »gute Leben« genannt wird, sollte ja nicht erst möglich sein, wenn die ganze Menschheit vom Diktat der abstrakten Arbeit und von der geschlechtlichen Abspaltung befreit ist, also schlimmstenfalls am Sankt-Nimmerleins-Tag. Darum versuchen viele, ihr Leben individuell oder in einer Gruppe so zu gestalten, dass es ihrer Vorstellung von einer zukünftigen befreiten Gesellschaft möglichst nahekommt. Diesem Unterfangen stellt sich aber immer wieder ein Vorbehalt in Gestalt eines Adorno-Zitats in den Weg, das in den letzten Jahrzehnten zum geflügelten Wort geworden ist: »Es gibt kein richtiges Leben im falschen« (Adorno 2001/1951: Aphorismus 18). Das Zitat entstammt einem schwer verständlichen Text. Aber es benennt auf einfache Weise einen komplexen Sachverhalt: Der Rückzug ins Private ist ein resigniertes Jasagen zum gesellschaftlichen Ganzen, so kaputt dieses auch sein mag. Er ist nur möglich, wenn man all jene vergisst, die die Möglichkeit des Rückzugs nicht haben und deren einzige Hoffnung die zukünftige befreite Gesellschaft ist.

Nun hat Adorno selbst später in einer Vorlesung seinen zum Sprichwort geronnenen Satz relativiert. Man darf und soll, sagt er, im Kleinen das leben, was im Großen noch nicht verwirklicht ist, wenn es sich dabei nicht einfach um einen Rückzug ins Private handelt, sondern um eine Form des gesellschaftlichen Widerstands. »Man sollte, soweit es nur irgend möglich ist, so leben, wie man in einer befreiten Welt glaubt leben zu sollen, gleichsam durch die Form der eigenen Existenz, mit all den unvermeidbaren Widersprüchen und Konflikten, die das nach sich zieht, versuchen die Existenzform vorwegzunehmen, die die eigentlich richtige wäre. Dieses Bestreben ist notwendig zum Scheitern und zum Widerspruch verurteilt, aber es bleibt nichts anderes übrig, als diesen Widerspruch bis zum bitteren Ende durchzumachen. Die wichtigste Form […] ist der Widerstand, dass man nicht mitmacht, und wenn das nicht möglich ist und wir auf unsere eigene Schwachheit und die Übermacht der Verhältnisse Rücksicht nehmen müssen, sollten wir wenigstens versuchen, dort, wo wir mitmachen müssen, nicht ganz mitzumachen und es ein bisschen anders zu tun als die, die es von ganzem Herzen tun« (Adorno 1956/1957). In diesen Zeilen liegt bei aller Zurückhaltung so etwas wie ein strategisches Prinzip des Widerstands: Statt auf die Emanzipation der Menschheit vom Diktat der abstrakten Arbeit zu hoffen und zu warten, kann man hier und jetzt im Kleinen das zu verwirklichen versuchen, was diese Emanzipation im Großen bringen kann. Das richtige Leben im falschen ist also möglich, wenn man es nicht als Glück im Winkel gestaltet, sondern zu einem Moment des gesellschaftlichen Widerstands macht. In dieser Strategie liegt viel Potenzial. Wenn der Wunschtraum vom verbesserten Kapitalismus ersetzt wird durch widerständiges Denken und Handeln im Kleinen, ist Hoffnung berechtigt.

Die Hoffnung beginnt jenseits der Träume

Damit ist die Spannung benannt, unter der Menschen im antikapitalistischen Widerstand stehen: Es kann niemals darum gehen, die bestehenden gesellschaftlichen Zustände zu optimieren. Es muss immer darum gehen, sich in den bestehenden gesellschaftlichen Zuständen bewusst im Hinblick auf die Abschaffung der Wert-, Arbeits- und Geldlogik und der geschlechtlichen Abspaltung zu bewegen. So entscheidend dieses Kriterium auch ist, so selten wird es beachtet. Im üblichen linken Verständnis von antikapitalistischem Widerstand gibt es dieses Kriterium gar nicht. Kein Wunder! »Widerstand« innerhalb der Wert-, Arbeits- und Geldlogik und der geschlechtlichen Abspaltung ist ja um einiges leichter zu praktizieren als ein Widerstand, der die Abschaffung dieser Logiken anstrebt. Wenn man über innerkapitalistische Verbesserungen des Systems hinausgehen will, steht man nämlich unversehens vor der Frage, wie denn die Abschaffung der Grundlagen des Kapitalismus konkret aussehen könnte, und findet natürlich keine fertig bereitliegende Antwort. Man muss also wählen zwischen einem Widerstand innerhalb des Systems und einem systemüberschreitenden Widerstand, dessen Erfolgsaussichten völlig ungewiss sind.

Dieses Dilemma lässt die Weigerung der Wertkritik besser verstehen, sich kurzfristig auf Praxisfragen einzulassen. Wirklicher Widerstand kann nur die Abschaffung der Wert- und Abspaltungslogik wollen, und genau dies ist schwer vorstellbar und noch schwerer durchzuführen. Dennoch muss man versuchen, die Spannung auszuhalten, vor den Schwierigkeiten nicht davonzulaufen, sich ihnen im Gegenteil zu stellen. Es geht um ein kompromissloses Entweder-oder. Die entscheidende Frage ist, ob man es wagt, sich vom Wunschtraum eines verbesserten Kapitalismus zu verabschieden, oder nicht. Die Wertkritik lässt verstehen, dass Hoffnung erst jenseits dieses Wunschtraums möglich wird. Und sie ermutigt dazu, nach Möglichkeiten zu suchen, wie sich die Menschen aus der Wert- und Abspaltungslogik befreien können. Der antikapitalistische Widerstand kann sich nicht vom geduldigen Nachdenken über diese Möglichkeiten dispensieren, wenn er nicht geradewegs in der nächsten Sackgasse landen will.

Denken ist Handeln

Die geistige Arbeit, die zu leisten ist, kann vor Enttäuschungen und Leerläufen bewahren. Wer an der Überwindung des Kapitalismus arbeiten will, ist versucht, sich auf ein vorschnelles Schnüren von Maßnahmenpaketen einzulassen. Aber eine postkapitalistische Gesellschaft, jenseits von Arbeit, Geld, Markt und geschlechtlicher Abspaltung kann nicht mit Maßnahmen geschaffen werden, die ihrerseits auf dem Boden der Wert- und Abspaltungslogik bleiben. Vorsicht ist deshalb geboten gegenüber Handlungsimpulsen unter dem Titel »Wir müssen dringend …«! Zum Beispiel: Wir müssen dringend eine Geldreform durchführen, maßlosen Konsum per Gesetz erschweren oder verhindern, ein bedingungsloses Grundeinkommen einführen, die Ausplünderung des globalen Südens bekämpfen, fairen Handel flächendeckend einführen und so weiter. Dies alles kann man zwar in der Tat versuchen; aber es sind letztlich Versuche zur Rettung eines untergehenden Systems statt zu dessen Überwindung.

Die große Schwierigkeit liegt im Wörtchen »wir«, das heißt im individuellen und kollektiven Bewusstsein als Antrieb für alle diese Maßnahmen. Unser Bewusstsein ist so sehr durch die in mehreren Jahrhunderten entstandene Wert-, Geld- und

Marktlogik formatiert, dass man zuerst versuchen muss, sich gewisse Denkformen abzugewöhnen, sie zu verlernen, bevor man handelt. Zum Beispiel bleibt man in der Wertlogik gefangen, wenn man mögliche Maßnahmen vor allem nach dem Kriterium ihrer Finanzierbarkeit beurteilt. »Können wir uns das leisten?« Diese Frage ist in der Warengesellschaft so selbstverständlich, dass wir sie reflexartig stellen, wenn wir individuell oder kollektiv ein Vorhaben umsetzen wollen. Sie ist aber nur sinnvoll, solange wir das Nadelöhr der Geldform, durch welches im Kapitalismus alle Güterproduktion gepresst wird, als Sachzwang anerkennen. Der Sachzwang der Finanzierbarkeit beherrscht das Leben der Menschen in der Warengesellschaft. Aus ihm bricht niemand einfach so aufgrund eines spontanen Entschlusses aus. Aber wer mit der nötigen Beharrlichkeit zu verstehen sucht, dass das Nadelöhr der Geldform nicht naturgegeben ist, kann vielleicht neue Möglichkeiten des Handelns außerhalb von Wirtschaft und Politik erkunden. Es geht eben darum, dass man sich ökonomisches Denken abgewöhnt, wenn man an der Vorbereitung einer postkapitalistischen Gesellschaft arbeiten möchte.

Aber können sich Menschen im antikapitalistischen Widerstand überhaupt den Luxus des Nachdenkens und Analysierens erlauben? Hat die Menschheit angesichts der sich anbahnenden Katastrophe genügend Zeit dazu? Wertkritisch informierte Leute können auf diese Fragen mit Gegenfragen antworten: Können wir uns den Luxus des blinden Aktivismus innerhalb des Systems noch erlauben, obwohl wir wissen, dass er immer wieder in die Sackgasse führt? Ist nicht das Nachdenken über eine mögliche Überwindung des Systems viel dringender? Müssen wir uns nicht ohnehin darauf vorbereiten, dass der Zusammenbruch kommt, bevor der antikapitalistische Widerstand sein Ziel erreicht hat? Das ist doch ziemlich wahrscheinlich. Aber es ist für den Widerstand letztlich nicht entscheidend. Wenn er auf ernsthafter Reflexionsarbeit beruht, wird er sich wahrscheinlich auch im chaotischen Danach besser bewähren als ein Aktivismus, der vor lauter Eile weder Weg noch Ziel kennt. Niemand weiß, ob die innere und die äußere

Schranke der Menschheit noch genügend Zeit lassen für einen Ausstieg aus der kapitalistischen Wertverwertungsmaschine. Aber wenn das System sich selbst erledigt, ist die Aufgabe für den Widerstand erst recht gegeben: vor und nach dem Absturz darauf hinzuwirken, dass die Menschheit lebbare Alternativen zur drohenden Barbarei finden kann.

Gesellschaftliche Emanzipation ist Befreiung durch kollektives Handeln. Aber die Voraussetzung dazu liegt in einer kollektiven Befreiung der Wahrnehmung und des Denkens. Solange die Menschen in ihrem jahrhundertealten Waren-, Arbeits-, Geld- und Marktbewusstsein eingeschlossen bleiben, kann sich nichts Wesentliches ändern. Schon nur die Befreiung vom allgegenwärtigen Wettbewerbs- und Konkurrenzdenken ist eine Riesenaufgabe. Sie ist nicht ohne kritische Distanz zu geltenden gesellschaftlichen Normen, Standards und Lebensstilen zu bewältigen. Aber einer nüchternen, distanzierten Beobachtung des Alltäglichen und Vertrauten steht einiges im Wege. Denn wir können uns nicht außerhalb der Gesellschaft stellen, von der wir selbst ein Teil sind. Wir stecken als Individuen mitten drin in der durch die Waren-, Geld- und Marktlogik geprägten Zivilisation. Wenn wir uns daraus befreien wollen, reicht deshalb spontanes mutiges Handeln nicht. Vielmehr ist zuerst gemeinsames Nachdenken nötig über mögliche Ausgänge aus der Warengesellschaft.

Die Befreiung von der Warenlogik und der daraus sich ergebenden Ideologie ist vor allem auch eine dringende pädagogische Aufgabe. Das, was Robert Kurz den Todestrieb der Konkurrenz nannte, beginnt nämlich im Dauerwettbewerb, dem Kinder heute von morgens bis abends in Schule, Freizeit und Familie ausgesetzt sind. Der Zwang zum Wettbewerb erstreckt sich auf vieles, was Kinder überhaupt erleben können, und hat eine Funktion, die man nicht ohne Weiteres erkennen, geschweige denn durchschauen kann: Er schlägt, mit Hannah Arendt zu sprechen, den Kindern das Interesse an sich selbst aus der Hand. Er formt das menschliche Bewusstsein zu einem Wert- und Warenbewusstsein, lange bevor es zu selbstständigen Entscheidungen fähig ist. Wie dem Einhalt geboten werden kann, darüber zum Beispiel müssten Menschen im gesellschaftlichen Widerstand sich vermehrt Gedanken machen.

Wer nachdenken will, sollte nicht unter Zeitdruck stehen. Die allgegenwärtige Angst, Zeit zu verlieren, kann für die gesellschaftliche Emanzipation sehr behindernd sein. Es lässt sich ja täglich beobachten, dass auch Menschen im gesellschaftlichen Widerstand dem Zwang zu ständiger Eile nicht entgehen, wie er im kapitalistischen Konkurrenzkampf selbstverständlich ist. Dieses Kapitel ist deshalb ein Plädoyer für Geduld im Widerstand. Dahinter steckt die Vermutung, dass die gesellschaftliche Befreiung vom Wert auch eine kollektive Befreiung von der Eile sein könnte. Lange Diskussionen, geduldiges Miteinander-Sprechen, eine »Palaverkultur«, wie sie schon erwähnt wurde, werden wahrscheinlich in einer postkapitalistischen Gesellschaft eine große Rolle spielen. Wenn Menschen zum Beispiel in Rätedemokratien gemeinsam nach Lösungen suchen, weil ihnen kein Vorgesetzter sagen kann, was zu tun ist, müssen sie mit sich und den anderen Geduld haben. Das gemeinsame Nachdenken im Widerstand dürfte deshalb auch ein Erlernen von neuen Kommunikations- und Entscheidungsformen sein, wie sie wahrscheinlich in einer nicht warenförmigen Gesellschaft von grundlegender Bedeutung sein werden.

Wer es vor dem Hintergrund wertkritischer Erkenntnisse auf sich nimmt, über eine postkapitalistische Gesellschaft nachzudenken, wird in unbekannte Gebiete vorstoßen. Viele Probleme werden sich in einer postkapitalistischen Gesellschaft gar nicht mehr oder aber ganz anders stellen als im Kapitalismus. Ein Beispiel: Wie werden die Menschen mit Gütern umgehen, die keine Waren sind, die also nicht zu kaufen sind? Wir sind es im Umgang mit der janusköpfigen Ware gewohnt, einen Gebrauchswert umso sorgfältiger zu behandeln, je mehr Wert er darstellt. Aber wenn der Warenfetisch entzaubert ist, wenn der Wert wegfällt und damit auch die Unterscheidung zwischen Wert und Gebrauchswert, wie kann dann der menschliche Umgang mit Gütern aussehen? Nichtwarenförmige Güter werden vermutlich für die Menschen eine Nützlichkeit, Dienlichkeit und Schönheit haben, die wir uns in der Warengesellschaft noch gar nicht vorstellen können. Damit wird auch die Sorgfalt im Umgang mit den Dingen eine neue Qualität bekommen. Die Sorgfalt ist dann nicht größer oder kleiner, je nachdem ein Ding mehr oder weniger Wert hat, da es ja den Wert als Qualität eines Guts nicht mehr gibt. Man kann nur ahnen, was dies zum Beispiel für den Ressourcenverbrauch in einer postkapitalistischen Gesellschaft bedeuten dürfte. Und man kann versuchen, einen postkapitalistischen Umgang mit den Dingen schon jetzt vorzubereiten, vorwegzunehmen und einzuüben.

Wenn es stimmt, wie die Wertabspaltungskritik es sieht, dass die geschlechtliche Abspaltung die »Kehrseite« der Wertlogik ist, dann wird in einer Gesellschaft, die sich von der Herrschaft des Werts befreit hat, natürlich auch das Geschlechterverhältnis sehr anders aussehen als heute. Auch darüber sollte man sich im Voraus Gedanken machen. Und man kann in seinem eigenen Lebenszusammenhang versuchen, im Sinne Adornos die geschlechtliche Abspaltung »abzuschaffen« und aus dieser Abschaffung einen Teil des gelebten Widerstands zu machen (siehe das Kapitel »Der Traum vom richtigen Leben im falschen«). Die Befreiung der Gesellschaft vom Wert und von der geschlechtlichen Abspaltung wird in diesem und vielen anderen Bereichen vor allem ein Programm der Abschaffungen und des Ausstiegs sein.

Fragen der Befreiungspraxis I – Das Was: der Ausstieg aus der Wirtschaft

Dieses Kapitel und das folgende stehen teilweise im Widerspruch zum vorangehenden. Es sind Versuche, Ziele und Möglichkeiten der Befreiungspraxis aufgrund wertkritischer Erkenntnisse zu skizzieren, obwohl diese Erkenntnisse noch viel zu wenig verbreitet sind. Sie können also nur sehr vorläufige Gedanken, Anregungen und Vorschläge enthalten. Darum werden sie all jene Lesenden befremden, die sich handfeste Ratschläge für die Praxis erhoffen. Sie enthalten keine Optimierungsvorschläge im Stile von »Wir fangen schon mal an!«

oder »Wir müssen jetzt dringend ...«, sondern Anregungen zur Überwindung des ökonomischen Denkens und Handelns, also zu einem kollektiven Ausstieg aus der Wirtschaft. Das ist, verglichen mit vielen gängigen Praxisvorschlägen, ein utopisches Vorhaben. Es kann niemals die Form eines Programms haben, weil es sich in allen Teilen nach dem schwierigen Kriterium der kategorialen Kapitalismuskritik richtet. Antikapitalistische Befreiungspraxis aufgrund dieses Kriteriums muss man im Ausprobieren wagen. Das Experimentieren wird Einsichten und Erfahrungen ermöglichen, die ihrerseits wieder Impulse für die Praxis liefern können.

Zuerst eine grundsätzliche Feststellung: *Gesellschaftliche Befreiung heute ist Befreiung von der Wirtschaft.* Dabei geht es nicht nur um eine Befreiung der Menschen vom ökonomischen Denken. Man kann sich nämlich durchaus im Denken ökonomischen Kategorien verweigern, ohne dass dies irgendwelche gesellschaftliche Folgen hätte. Es geht aber um einen konkreten, zielbewussten, schrittweisen Ausstieg aus der Wirtschaft. Die gegenwärtige Wirtschaftskrise ist der wertkritischen Diagnose zufolge eine finale Krise. Wenn diese Diagnose stimmt, müssen sich die Menschen auf eine Welt ohne Wirtschaft vorbereiten, ob sie das wollen oder nicht. Ein freiwilliger Ausstieg aus der Wirtschaft ist sicher besser als ein durch die finale Krise aufgezwungener. Was heißt das praktisch? Es heißt zum Beispiel, dass bei konkreten Entscheidungen die Fragen der Rentabilität, der Finanzierbarkeit und der Zahlungsfähigkeit unbedingt in den Hintergrund und die Grundbedürfnisse der Menschen in den Vordergrund treten müssen. Um zu verstehen, was das bedeutet, rufen wir uns eine immer wieder vergessene Tatsache in Erinnerung: Es gibt keinen natürlichen, zwingenden Zusammenhang zwischen Gütern und Dienstleistungen einerseits und ihrer Finanzierbarkeit andererseits. Güter und Dienstleistungen können unabhängig von ihrer Finanzierbarkeit geschaffen und verteilt werden, obwohl die meisten Menschen das Gegenteil glauben. Anders gesagt: Die Produktion von stofflichem Reichtum muss nicht durch das Nadelöhr des abstrakten Reichtums gepresst werden. Das Leben der Menschen muss also nicht für alle Zeiten unter Finanzierbarkeitsvorbehalt stehen, wie dies heute der Fall ist. Robert Kurz sprach von der Notwendigkeit, sich gegen den Finanzierbarkeitsterror zu wehren. Diesem Terror müssen bekanntlich alle politischen Kräfte, ob sie sich als antikapitalistisch verstehen oder nicht, gehorchen, sobald sie in der sogenannten Verantwortung stehen. Ein eindrückliches Beispiel hat 2015 die griechische Syriza-Regierung geliefert, als sie sich den Forderungen der »Troika« fügte und gegen die Bedürfnisse ihrer eigenen Bevölkerung auf eine harte Austeritätspolitik einschwenkte. Was hätte sie anderes tun können? Gar nichts, denn sie musste als politische Behörde handeln. Und wertkritisch informierte Leute wissen, dass Politik als Institution letztlich immer den Imperativen der Geldvermehrung, das heißt den Imperativen der Wirtschaft, gehorchen muss, weil sie in deren Dienst steht. Wer aber das Kriterium der Finanzierbarkeit und der Zahlungsfähigkeit nicht mehr als absolute Autorität anerkennt, hat damit auch schon entschieden, sich der Institution Politik zu verweigern. Widerstand gegen das Diktat der Finanzierbarkeit kann nur außerhalb der Politik stattfinden. Die Frage, wie der Widerstand unter dieser Voraussetzung gestaltet werden kann, müsste deshalb längst Gegenstand breiter Diskussionen sein.

Was macht die seit 2007 andauernde Krise in den Augen wertkritisch informierter Menschen zu einer finalen Krise? Es ist die in diesem Buch immer wieder erwähnte innere Schranke des Kapitals, in deren Nähe wir uns der Wertkritik zufolge befinden. Die Wertverwertung, die Geldvermehrung als Grundmechanismus des Kapitalismus gerät ins Stocken. Dieser Stillstand oder Rückgang hat zwei Aspekte. Der eine betrifft das Geld, der andere die Arbeit. Wenden wir uns zuerst der Geldproblematik zu: In der Nähe der inneren Schranke wird es immer schwieriger, Geld zu verdienen. Es ist im großen Stil heute vor allem in der Finanzindustrie möglich, also in einem Wirtschaftszweig, der auf einer Fiktion aufbaut. Es ist die Fiktion, das in Finanzprodukte investierte Geld werde seinen Wert in Zukunft realisieren können, wenn es nicht mehr nur Teil einer endlosen Kreditkette ist, sondern in die reale Warenproduktion eingebaut werden kann. Wenn das Vertrauen in diese Fiktion schwindet, schwindet auch der Wert des so erworbenen Geldes. Das bedeutet Inflation. Aber dort, wo das Geld noch einen realen Wert hat, nämlich in der realen Warenproduktion, schmilzt die Wertmasse beständig ab, aus Gründen, die bereits mehrmals erklärt wurden. Das so verdiente Geld wird immer knapper, während der stoffliche Reichtum zunimmt. Das bedeutet Deflation. Aus diesen beiden Gründen ist in der Nähe der inneren Schranke das Geld als Schnittstelle zwischen den Menschen und ihren Produkten akut gefährdet; und niemand weiß Rat. Guter Rat ist nämlich in dieser Situation nicht nur teuer, er ist unmöglich, weil es keinen Ausweg aus dieser Krise gibt. Wenn die gesellschaftliche Befreiung ein Ausstieg aus der Diktatur der Wirtschaft ist, so wird dieser Ausstieg konkret ein Ausstieg aus der Herrschaft des Geldes sein müssen.

Der wertkritische Autor Anselm Jappe hat in einem Artikel beschrieben, was der Menschheit passieren kann, wenn sie daran festhält, dass die Güterproduktion in erster Linie der Geldvermehrung dienen muss und nur in zweiter Linie der Befriedigung menschlicher Bedürfnisse. Wenn die Güterproduktion zwar nach wie vor läuft, aber die Wertvermehrung im prozessierenden Selbstwiderspruch immer schlechter funktioniert, kann das Geld entweder seinen Wert verlieren (Inflation) oder zu knapp werden (Deflation). In beiden Fällen klaffen der stoffliche und der abstrakte Reichtum immer weiter auseinander. Der Autor schildert dieses Auseinanderklaffen folgendermaßen: »Es wird gut gefüllte Läden ohne einen einzigen Kunden geben, voll betriebsbereite Fabriken ohne Fabrikarbeiter und Schulen ohne Lehrer, da ihnen seit Monaten kein Gehalt mehr gezahlt wurde. [...] Wie Tantalus in der griechischen Sage würden wir dann gequält von den Reichtümern, die wir sehen können, die aber außerhalb unserer Reichweite liegen, weil wir nicht in der Lage sind, sie zu bezahlen. Dieser erzwungene Verzicht ist immer das Schicksal der Armen gewesen, doch in nie dagewesener Weise scheint es jetzt fast die gesamte Gesellschaft zu betreffen. Das letzte Wort des Marktes ist, uns verhungern zu lassen inmitten von Bergen verrottender Lebensmittel, die niemand berühren darf« (Jappe 2011). Anselm Jappe zieht den Schluss, dass die Menschheit sich auf eine Zeit nach dem Geld vorbereiten sollte, so wie sie sich auf eine Zeit nach dem Erdöl vorbereiten muss. Aus wertkritischer Sicht ist es nämlich aussichtslos, ein besseres Geld schaffen zu wollen. Auch ein besseres, moralischeres, ökologischeres oder gerechteres Geld müsste ja im prozessierenden Widerspruch gefangen bleiben. Zwar kann kein Mensch behaupten, er wisse, wie eine Gesellschaft ohne Geld aussehen wird. Dennoch scheint der Ausstieg aus dem Geld für die Menschheit unvermeidlich zu sein, wenn sie überleben will. Höchste Zeit also, sich mit dieser Notwendigkeit in Theorie und Praxis zu beschäftigen!

Neben dem Geld ist die Lohnarbeit der andere Aspekt des Stillstands im Prozess der Wertverwertung. Wo kein Geld mehr verdient werden kann, hat der Begriff der Lohnarbeit keinen Sinn mehr. Wenn es in Bezug auf die gesellschaftliche Befreiungspraxis eine Gewissheit geben kann, so ist es also diese: In einer befreiten Gesellschaft wird es keine bezahlte Arbeit mehr geben. Die Zeit nach dem Geld wird auch die Zeit nach der Lohnarbeit sein. Wir wissen, dass dies nicht bedeutet, dass die Menschen in einer postkapitalistischen Gesellschaft untätig sein werden. Aber keine ihrer Aktivitäten wird noch dem Diktat der Schaffung von abstraktem Reichtum unterworfen sein. Vielmehr werden alle menschlichen Tätigkeiten in irgendeiner Weise der Befriedigung menschlicher Bedürfnisse dienen können. Unter den zahlreichen Folgen dieses fundamentalen Wandels greifen wir zwei heraus: Da sich Wert und geschlechtliche Abspaltung gegenseitig bedingen, wird erstens die geschlechtliche Abspaltung in einer Gesellschaft ohne Lohnarbeit keine Grundlage mehr haben. Wer in Haushalt und Familie tätig ist, wird sich gesellschaftliche Anerkennung nicht mehr in einer entlohnten Arbeit suchen müssen. Und zweitens werden die Rangordnungen, die in unserer Gesellschaft durch die Höhe der verdienten Löhne gegeben sind, hinfällig werden. Wer heute wenig verdient, wird in einer Welt ohne Lohnarbeit nicht weniger geachtet sein als jemand mit heute hohem Arbeitseinkommen.

Eine Welt ohne Geld, Lohnarbeit und geschlechtliche Abspaltung erscheint uns heute als utopisch. Aber niemand kann wissen, wie sehr wir gegenwärtig tatsächlich durch die Nähe der inneren Schranke bedroht sind. Sie kann uns noch eine lange Gnadenfrist gewähren. Sie kann uns aber auch unvermittelt zwingen, die Utopie einer Welt ohne Wirtschaft kurzfristig zu verwirklichen. Es ist deshalb wichtig, dass möglichst viele Menschen die Denkarbeit auf sich nehmen, die dieser Wandel erfordert. Und ebenso wichtig ist es, dass überall auf der Welt kleine und große Gruppen ein Leben ohne Geld und ohne Lohnarbeit bewusst einüben. Die Menschen werden lernen müssen, in einer Gesellschaft zu leben, die sich selbst verwaltet. Diese Notwendigkeit ist nicht zu verwechseln mit der heute in der Wirtschaft sehr üblichen Schaffung selbstverwalteter Betriebe. Diese bewegen sich ja in einem kapitalistischen Umfeld und müssen sich darin bewähren. Eine postkapitalistische Gesellschaft, die sich selbst verwaltet, wird aber den sinnvollen Einsatz der gemeinsamen materiellen und menschlichen Ressourcen ohne Geld und Lohnarbeit verantworten müssen. Das heißt, dass Rätedemokratien eine grundlegende Bedeutung erhalten werden. Ein Rätesystem auf allen Ebenen wird vermutlich für die kommende Gesellschaft kennzeichnend sein. Es geht darum, wenn immer möglich Hierarchien abzuschaffen, Machtpositionen zu verhindern, Entscheidungsbefugnisse nicht zu delegieren. Wenn aber Entscheidungsbefugnisse trotzdem delegiert werden müssen, sollen sie an Funktionen delegiert werden und nicht an Personen. Personen können in einem gut funktionierenden Rätesystem immer abberufen werden, während Funktionen unabhängig von den Personen bestehen, die sie ausüben. Dies alles steht in einem so krassen Gegensatz zu den heute üblichen Gepflogenheiten, dass es schon nur in diesem Bereich viele Möglichkeiten des Experimentierens gibt. Wer die postkapitalistische Gesellschaft konkret vorbereiten will, kann in seinem eigenen Lebenszusammenhang hier und jetzt versuchen, sich in Rätedemokratie zu üben.

Fragen der Befreiungspraxis II – Das Wie: ein Transformationskampf

Die im vorigen Kapitel verwendeten Begriffe der Denkarbeit, des Ausprobierens, des Vorbereitens und Einübens im Hinblick auf eine postkapitalistische Gesellschaft könnten die Vorstellung aufkommen lassen, gesellschaftliche Befreiung sei als mehr oder weniger konflikt- und schmerzfreier Transformationsprozess denkbar. Aber das System, in welchem seit Jahrhunderten die Geldvermehrung Vorrang vor den Bedürfnissen der Menschen hat, behandelt Menschen unter Gewaltanwendung als Material, als Menschenmaterial eben, das nach Bedarf eingesetzt, verheizt oder, wenn nicht benötigt, weggeworfen werden kann. Der Kapitalismus ist seit seiner Entstehung ein unmenschliches, von Gewalt und Terror geprägtes System. Zwar möchte man sich gern eine friedliche Aufhebung dieses Systems in einem demokratisch durchgeführten politischen Prozess vorstellen. Aber wie schon gezeigt, ist die Demokratie dem warenproduzierenden System nicht vor-, sondern nachgeschaltet. Sie ist nicht eine Voraussetzung des Kapitalismus, sondern ein Instrument zur Durchsetzung der anonymen Märkte, der Geld- und Warenlogik. Deshalb scheint dieser friedliche Weg der Überwindung des Kapitalismus ausgeschlossen. Je näher der Zusammenbruch des Kapitalismus rückt, desto bedrohlicher und chaotischer sind die Zustände, mit denen die Menschen zurechtkommen müssen. Die Zumutungen, denen heute der größte Teil der Weltbevölkerung ausgesetzt ist, lassen verstehen, dass der Kapitalismus sogar in der Agonie – ja, vor allem in der Agonie! – nicht kampflos abtreten wird. Befreiungsbewegungen werden natürlich versuchen, unterhalb der Gewaltschwelle zu agieren. Aber wie gewalttätig die Auseinandersetzungen in Wirklichkeit sein werden, darauf können die Bewegungen angesichts der Gewaltbereitschaft der Systemhüter keinen bestimmenden Einfluss haben. Die gegenwärtigen Zustände in scheiternden oder schon gescheiterten Staaten lassen jedenfalls nichts Gutes erwarten. Umso wichtiger ist es, dass man sich aus wertabspaltungskritischer

Sicht über das Wie des Übergangs zu einer postkapitalistischen Gesellschaft Gedanken macht. In der Tat enthalten wert- und wertabspaltungskritische Texte in dieser Beziehung einige Hinweise. Ihre Autorinnen und Autoren sprechen kaum je von einer Revolution, sondern zumeist von Emanzipation. Der wertkritische Autor Tomasz Konicz (vgl. Konicz 2016) verwendet die Begriffe »Weltbürgerkrieg« und »Transformationskampf« und macht damit klar, dass ein gewaltloses Ende des Kapitalismus nicht vorstellbar ist. Es geht also darum, den Transformationskampf so zu gestalten, dass man die Gewaltbereitschaft des Systems wenn immer möglich ins Leere laufen lässt.

Rufen wir uns zuerst in Erinnerung, dass die Wertkritik den Klassenkampf als Mittel zur Überwindung des warenproduzierenden Systems ablehnt. Die Vorstellung, die Arbeiterklasse habe die historische Aufgabe, die Menschheit zum Sozialismus zu führen, ist wertkritischen Autoren fremd. Die Wertkritik sieht den Verlauf der Geschichte nicht als ein notwendiges und vorhersehbares Geschehen, in welchem eine soziologisch definierbare Gruppe eine bestimmte Rolle zu spielen hätte. Es gab in der Geschichte des Kapitalismus immer wieder Situationen, wo sie anders hätte verlaufen können, als sie in Wirklichkeit verlaufen ist. Diese Unbestimmtheit und Offenheit gilt nach Auffassung der Wertkritik auch für die Gegenwart. Ob die Menschheit den Weg in eine nichtwarenförmige Gesellschaft finden kann oder in der faschistischen Barbarei oder in einer atomaren Katastrophe enden wird, das hängt allein von den Menschen und ihren Entscheidungen ab, nicht von irgendwelchen die Geschichte lenkenden Gesetzmäßigkeiten.

Das Reizwort »Klassenkampf« hat zu einem heftigen Streit zwischen herkömmlichem Marxismus und Wertkritik geführt. Aus diesem Grund und weil die Wertkritik sich vor allem als eine theoretisch arbeitende Bewegung versteht, ist bisher das Potenzial kaum zur Kenntnis genommen worden, das für die Befreiungspraxis in der Wert- und Wertabspaltungskritik liegt. Für diese ist es klar, dass die entscheidenden Anstöße von den Menschen ausgehen müssen, die unter den gegenwärtigen Verhältnissen im warenproduzierenden System am meisten zu leiden haben. Das sind erstens die in der Warenproduktion Ausgebeuteten, also in der Tat das, was der Marxismus das Proletariat nennt; es sind zweitens alle aus der Lohnarbeit Herausgefallenen und Überflüssigen, deren Zahl täglich zunimmt; und es sind drittens die von der geschlechtlichen Abspaltung in ihrem Alltag betroffenen Frauen. Die Rolle einer potenziellen Befreiungsbewegung, die sich aus diesen drei Gruppen zusammensetzen würde, kann der Wertkritik zufolge nicht sein, die im Kapitalismus Mächtigen zu stürzen und die Macht selbst zu erobern. Ihre Rolle liegt Robert Kurz zufolge vielmehr in der »Entmachtung der Macht« (Kurz 1997a). Was ist damit gemeint? Man kann es verstehen, wenn man sich vergegenwärtigt, dass Macht in der Warengesellschaft immer im Dienste des Wert- und Warenfetischs steht. Wer die bestehende Macht stürzen und für sich erobern will – wie das in den Revolutionen seit dem 18. Jahrhundert geschehen ist –, stellt sich somit unweigerlich in den Dienst dieses Fetischs. Eine Verstaatlichung der Produktionsmittel beispielsweise, wie sie vom Marxismus gefordert und praktiziert wurde, kann keine echte gesellschaftliche Befreiung anstoßen. Sie bedeutet bloß eine Veränderung der Machtverhältnisse innerhalb des warenproduzierenden Systems. Wenn der Klassenkampf zu einer echten gesellschaftlichen Befreiung führen soll, muss er aber viel weiter gehen. Er kann nicht Anerkennung innerhalb des fetischistischen Systems anstreben, sondern er muss mit dem Ziel der Überwindung dieses Systems geführt werden. Die Wertkritik vertritt die These, dass der Transformationskampf ein Kampf für die erste nichtfetischistische Gesellschaft der Geschichte sein muss. Dass diese Gesellschaft klassenlos sein wird, ist in dieser These mitgemeint. Die wertkritischen Autorinnen und Autoren sind übrigens nicht der Meinung, dass man auf den Klassenkampf innerhalb des bestehenden Systems einfach verzichten soll. Die Zumutungen, die die Warengesellschaft dem größten Teil der Menschheit auferlegt, sind brutal. Sie müssen unbedingt bekämpft werden. Aber der Klassenkampf reicht zur Überwindung des Systems nicht aus. Das heißt, dass er nicht nur mit dem Ziel einer Neuverteilung der Reichtümer innerhalb des Systems geführt werden darf. Sonst bleibt er ein Kampf im Dienst des Wert- und Warenfetischs, wie die Geschichte des Realsozialismus gezeigt hat. Der Klassenkampf muss immer das Ziel einer Überwindung des Systems vor Augen haben.

Das kann praktisch Folgendes heißen: Forderungen an die Mächtigen, zum Beispiel gewerkschaftliche Forderungen, die sich vor allem am Kriterium der Finanzierbarkeit orientieren, sind grundsätzlich nutzlos. Sie streben nicht einen Ausstieg aus dem bestehenden System an, sondern Veränderungen innerhalb des bestehenden Systems. Forderungen an die Mächtigen hingegen, die das Kriterium der Finanzierbarkeit bewusst missachten, sind zwar schwerer zu bewerkstelligen, aber zielführender. Hätte sich zum Beispiel die griechische Syriza-Regierung 2015 geweigert, auf die Bedingungen der internationalen Gläubiger einzugehen, so wäre das eine Demonstration gegen das Kriterium der Finanzierbarkeit gewesen und hätte möglicherweise für die gesellschaftliche Emanzipation nicht nur in Griechenland weitreichende Folgen gehabt. Diesen Schritt konnte und wollte die Tsipras-Regierung nicht tun, weil sie eine politische Behörde war und deshalb der Wertlogik gehorchen musste und weil Griechenland als Staat ebenfalls in der Abhängigkeit dieser Wertlogik steht und nicht ein rätedemokratisch organisiertes Kollektiv ist. Eine Weigerung wäre zwar materiell vermutlich nicht ganz unmöglich gewesen. Aber sie hätte unabsehbare Konsequenzen gehabt. Politisch gesehen, hätte sie vermutlich ins Chaos geführt. Aber im Zusammenhang, der hier diskutiert wird, wäre sie möglicherweise ein erster Schritt auf dem Weg zu einer vom Finanzierbarkeitsvorbehalt befreiten Gesellschaft gewesen. Gesellschaftliche Befreiung kann nicht in herkömmlichen politischen und wirtschaftlichen Strukturen erfolgen. Es geht darum, sich von Politik und Wirtschaft so radikal wie möglich loszusagen, nicht darum, Wirtschaft und Politik »um jeden Preis« zu bewahren und zu retten.

Es muss also Druck ausgeübt werden, um die Macht der Wertlogik und der geschlechtlichen Abspaltung zu brechen. Eine Möglichkeit besteht darin, die Absurdität des prozessierenden Widerspruchs in der Nähe der inneren Schranke bewusst sichtbar zu machen. Einerseits verhindert der Zwang, aus Geld mehr Geld zu machen, die Befriedigung grundlegender, aber unrentabler menschlicher Bedürfnisse: Epidemien in armen Ländern können nicht bekämpft werden, weil das finanziell uninteressant ist. Flüchtlinge werden in Lagern festgehalten, die Konzentrationslagern ähneln. Rentenkürzungen in noch funktionierenden Staaten an der Peripherie treiben Millionen von älteren Menschen in Armut und Elend. Das Personal im Gesundheits- und Bildungswesen auch in den reichen Ländern steht unter einem wachsenden Zeit- und Rentabilitätsdruck. Ein wirkungsvoller Klimaschutz ist, gemessen am Kriterium der betriebswirtschaftlichen Rentabilität, schlicht »zu teuer«. Andererseits treten die Spannungen zwischen den global immer üppiger verfügbaren Gütern, also dem wachsenden stofflichen Reichtum, und der zunehmenden Schwierigkeit, Geld in mehr Geld zu verwandeln, immer häufiger offen zutage: Beladene Containerschiffe einer Pleite gegangenen Reederei können nicht gelöscht werden. Häuser und Wohnungen, manchmal auch ganze Retortenstädte stehen leer, weil sie am Bedarf vorbeigebaut wurden. Selbstbedienungsrestaurants müssen täglich nach Geschäftsschluss ihr bewusst zu reichlich gestaltetes Angebot in den Müll entsorgen. Solche Beispiele werden in der Nähe der inneren Schranke immer zahlreicher. In allen diesen Situationen ist die Macht angreifbar. Ein todbringendes System, dessen Schwäche und Kurzatmigkeit unversehens sichtbar wird, muss man nicht künstlich beatmen und zu retten versuchen. Man muss seine Schwächen offenlegen und sie im Widerstand ausnutzen, um es zu überwinden.

Wie dieser Widerstand geleistet werden kann, das kann hier nur angedeutet werden. Wahrscheinlich wird das klassische Kampfmittel des Streiks nur noch ein Mittel unter mehreren sein, weil arbeitende Menschen im Neoliberalismus leichter zu ersetzen sind als vor einigen Jahrzehnten. Die mikroelektronische Revolution macht menschliche Arbeit allmählich überflüssig. Sie bietet aber andererseits dem Widerstand die Chance, den Betrieb der Wertverwertung mit ganz neuen

Mitteln empfindlich zu behindern. Eine weitere Möglichkeit, den selbstzweckhaften Betrieb der Wertverwertung zu stören, liegt in der bewusst eingesetzten individuellen und kollektiven Gehorsamsverweigerung. Es gibt mittlerweile Handbücher, Lehrgänge und Kurse für Gehorsamsverweigerung. Beispielsweise gibt die gezielt eingesetzte Praxis des *Leakens* und des *Whistleblowings* dem gesellschaftlichen Widerstand neue, sehr wirkungsvolle Instrumente in die Hand. Wie effizient sie sind, zeigt sich daran, dass gegenwärtig kaum eine widerständige Praxis so empfindliche Reaktionen der Systemhüter auslöst wie *Leaken* und *Whistleblowing.* Ganz allgemein muss der Widerstand darauf abzielen, ohne Gewaltanwendung Schwachstellen des Systems auszunutzen, statt sich auf einen Kampf mit einem fast unbegrenzt gewaltbereiten System einzulassen.

Die Strategie der Gehorsamsverweigerung erfordert allerdings auch einige Disziplin im Umgang mit Kommunikationsmitteln. Im Zeitalter von *Big Data* sollten Menschen im gesellschaftlichen Widerstand darauf achten, in der Öffentlichkeit, vor allem im Internet, so wenig Spuren wie möglich zu hinterlassen. Sie sollten ihren Handygebrauch so gestalten, dass sie nicht dauernd verfolgbar sind. Sie sollten ihre E-Mails verschlüsseln. Sie sollten in ihrem persönlichen Konsum alle Angebote und Vergünstigungen ablehnen, die an die Preisgabe persönlicher Daten geknüpft sind. Und sie sollten grundsätzlich soziale Netzwerke meiden, die nach dem Prinzip der Wertverwertung funktionieren. In allen diesen Bereichen sind die meisten Menschen vollkommen sorglos, ja geradezu blind. Dass unsere persönlichen Daten in unzähligen untereinander vernetzbaren Datenbanken abgelegt sind, dass sie abgerufen und zu unserem Nachteil verwendet werden können, das gehört zu unserem Alltag und scheint uns zunehmend so selbstverständlich wie die Wert- und Warenlogik. Niemand sollte sich vormachen, dass man sich dieser Tatsache zu hundert Prozent verweigern kann. Aber wenn man im Transformationskampf möglichst gute Karten haben will, sollte man dem Gegner nicht in die Hände spielen, indem man sich freiwillig zum gläsernen Menschen macht.

Wir fangen schon mal an, aber nicht irgendwie!

Das bisher Gesagte mag für viele Lesende unbefriedigend bleiben, die sich einen engeren Praxisbezug der Wert- und Wertabspaltungskritik wünschen. Versuchen wir also, die Frage nochmals aufzunehmen: Wie könnte praktisches Handeln im antikapitalistischen Widerstand aufgrund wertabspaltungskritischer Erkenntnisse aussehen? Zur Erinnerung: Wer im Widerstand nicht über kurz oder lang vom warenproduzierenden System vereinnahmt werden will, muss sich zumindest der Gefahr der verkürzten Kapitalismuskritik bewusst bleiben. Antikapitalistischer Widerstand auf der Basis der Grundkategorien Ware, Arbeit, Wert und Geld geht nicht.

Dennoch ist konkretes Handeln hier und jetzt unter einer Bedingung möglich und sinnvoll. Erinnern wir uns zuerst daran, was wir im vorangehenden Kapitel in Bezug auf den Klassenkampf als Mittel im antikapitalistischen Widerstand festgestellt haben: Wenn er als Kampf der Arbeitenden um Anerkennung innerhalb des Systems geführt wird, wirkt er grundsätzlich mit an der Erhaltung dieses Systems. Diese Art von Klassenkampf lehnt die Wertkritik ab, weil sie zur Erhaltung eines Systems beiträgt, das die Menschheit in den Abgrund zu reißen droht. Aber wenn er die Überwindung des Systems anstrebt, zum Beispiel indem er sich der Frage der Finanzierbarkeit grundsätzlich verweigert, hat er befreiendes Potenzial. Die gleiche Feststellung kann man in Bezug auf einige Widerstandsbewegungen machen, denen wir im Kapitel »Der Traum vom verbesserten Kapitalismus« begegnet sind: Wenn sie an einer bloßen Verbesserung des Kapitalismus arbeiten, also zum Beispiel Geldreformen oder die Schaffung eines existenzsichernden Grundeinkommens fordern, sind sie als Widerstandsbewegungen wirkungslos. Aber wenn sie in der Perspektive einer Überwindung der Grundkategorien arbeiten, können sie sinnvoll Widerstand leisten.

Ein aufschlussreiches Beispiel bieten da die wachstumskritischen Bewegungen. Ihr Spektrum reicht von »systemerhaltend« bis »möglicherweise emanzipatorisch«. Die deutsche

Postwachstumsbewegung und die englische *Transition-Town-Bewegung* streben eine umwelt- und klimaverträgliche Ausgestaltung des Kapitalismus an und sind deshalb in unserem Zusammenhang uninteressant. Die französische *Décroissance*-Bewegung strebt grundsätzlich systemüberschreitende Veränderungen an. Sie hätte somit das Potenzial zu einer echten Befreiungsbewegung, wenn sie ihrem Wirken die theoretische Grundlage gäbe, die ihr noch fehlt. Da sie das bisher nicht getan, ja, noch nicht einmal die Notwendigkeit einer solchen Arbeit verstanden hat, bleibt sie bisweilen etwas rat- und ziellos und hat entsprechend wenig Erfolg. Ihr fehlt zum Beispiel das Bewusstsein, dass nicht das Wirtschaftswachstum, sondern der *Wachstumszwang* der Wirtschaft das eigentliche Übel ist und dass sich dieses Übel nicht an der Oberfläche des Konsums bekämpfen lässt. Wenn sie das Thema Wachstumszwang theoretisch durchleuchten würde, könnte sie auf dieser Grundlage zielbewusst systemüberschreitend statt systemverbessernd arbeiten. Wie für so viele Aktivistinnen und Aktivisten ist wohl auch für die *Décroissance*-Bewegung die Dringlichkeit ihres Anliegens die eigentliche Ursache ihrer fatalen Theorieverweigerung. Wenn sie bereit wäre, ihre Eiligkeit zugunsten einer ernsthaften Theoriearbeit zurückzustellen, könnte sie wahrscheinlich viel bewirken.

Aber selbst für Menschen, die sich der Theoriearbeit unter dem Eindruck der Dringlichkeit bewusst oder unbewusst verweigern, ist sinnvolles widerständiges Handeln möglich. Es genügt, immer klar zu unterscheiden zwischen systemerhaltenden und systemüberschreitenden Aktivitäten. Man kann sie in der Regel gut auseinanderhalten aufgrund des Kriteriums, ob sie sich nach der Frage der Finanzierbarkeit richten oder nicht. Wer gegen AKWs kämpft, weil mittlerweile genügend erneuerbare elektrische Energie verfügbar ist, wirkt mit an der Erhaltung des Systems. Wer gegen AKWs kämpft, weil sie gefährlich sind, ohne zu fragen, ob »wir uns den Verzicht auf AKWs leisten können«, handelt potenziell systemüberschreitend. Wer die Klimakatastrophe durch den Handel mit Verschmutzungsrechten bekämpfen will, überlässt der Wirtschaft die Federführung bei der Bekämpfung des Klimawandels. Das ist systemerhaltend und wirkt grundsätzlich mit an der Verschärfung des Problems. Wer aber ohne betriebs- oder volkswirtschaftliche Überlegungen anzustellen mit offensiven, vielleicht auch unpopulären Methoden für die Ächtung und aktive Behinderung von Wirtschaftszweigen, Firmen und individuellen und kollektiven Praktiken eintritt, die die Emission von Treibhausgasen verursachen, handelt potenziell systemüberschreitend.

Die Gegenwart ist geprägt von Problemen, die eigentlich keinen Aufschub dulden, deren Lösung aber trotzdem immer wieder auf später verschoben wird: Atomtechnologie und -bewaffnung, Gentechnik in der Landwirtschaft, die verdeckte Einführung nanotechnologisch hergestellter Produkte, die flächendeckende Praxis von Kontroll- und Überwachungstechniken, die allgemeine Duldung klimaschädigender Aktivitäten und Wirtschaftszweige, die zunehmende Versiegelung des Bodens. Wer keine Lust hat, sich mit Theoriearbeit zu beschäftigen, kann seine ganze Kraft dem Kampf in diesen Bereichen widmen. Fast immer geht es dann darum, dass etwas abgeschafft werden muss, was sich unter dem Diktat der immerwährenden Wertverwertung beinahe unbemerkt in unseren Alltag eingeschlichen und als unentbehrlich etabliert hat. Entsprechend schwierig und kräftezehrend ist der Kampf in allen diesen Bereichen. Es geht, wie schon erwähnt, um ein Programm der Abschaffungen. Wer sich für dieses Programm einsetzt, hat die volle Sympathie der wertkritischen Autorinnen und Autoren, sollte dabei aber einfach nicht vergessen, dass ein Vorgehen innerhalb der bestehenden politisch-wirtschaftlichen Strukturen wenig erfolgversprechend ist.

Praktisches Handeln hier und jetzt ist also durchaus möglich und auch dringend nötig. Die Einladung »Wir fangen schon mal an!« ist sinnvoll, unter einer Bedingung: Man muss in diesem Anfangen genau wissen, was man will. Will man einen endlich wieder ein wenig besser funktionierenden Kapitalismus? Dann lässt man es besser bleiben, weil der Traum ein Traum bleiben muss. Oder will man an der Vorbereitung einer postkapitalistischen, befreiten Gesellschaft arbeiten? Dann muss man vor allem den Mut zum Transformationskampf haben, und der wird mit Sicherheit hart.

Der in diesem Buch schon mehrfach genannte Anselm Jappe hat 2015 in einem Interview in einer amerikanischen Zeitschrift beschrieben, wie der weltweite Transformationskampf für eine Befreiung vom Diktat der Wertverwertung aussehen kann. Dieser Autor soll hier mit einem Ausschnitt aus diesem Interview das letzte Wort haben: »Was wir folglich benötigen, könnte man eine Art ›Graswurzelrevolution‹ in einer neuen Bedeutung des Worts nennen; eine, die die Notwendigkeit nicht fürchten würde, den Hütern der herrschenden Ordnung entgegenzutreten, vor allem wenn es um die Aneignung von Basisgütern geht – Wohnraum, Produktionsmittel, Ressourcen – unter Umgehung der Vermittlung durch das Geld. Wir müssen soziale und wirtschaftliche Kämpfe – beispielsweise gegen Zwangsräumungen oder Landenteignungen durch große Firmen – kombinieren mit Kämpfen für die Umwelt und gegen Großtechnologien – Rohstoffabbau, neue Flughäfen, Atomenergie, GVO, Nanotechnologie, Überwachung – und mit dem Kampf für neue Denkweisen, für die Überwindung des warenförmigen Denkens und Fühlens. Das würde einen wirklichen Zivilisationswandel bedeuten, der viel tiefgreifender wäre als rein politische und wirtschaftliche Veränderungen. Diese Transformation würde viel weiter reichen, als wenn man nur sagt: ›Wir sind die neunundneunzig Prozent.‹ Das ist bloß eine Form des Populismus, die eine winzige Minderheit von so genannten ›Parasiten‹ ›uns‹, den ehrlich Arbeitenden und Sparenden, gegenüberstellt. Wir sind alle tief in dieser Gesellschaft verwurzelt, und wir müssen auf allen Ebenen gemeinsam handeln, um davon loszukommen. [...]« (Jappe 2015, Übersetzung E. S.]

Epilog

Dieses Buch ist das Ergebnis eines Jahrzehnte dauernden persönlichen Lernprozesses, von dem ich weiß, dass er nicht nur der meine ist, und der im Laufe der Zeit die Form eines wiederholten *Déjà-vu*-Erlebnisses annahm. Wer sich aufgrund seines Lebensalters daran erinnern kann und nicht zu vergessen bereit ist, was im vergangenen halben Jahrhundert vorgeschlagen und versucht wurde, um den Kapitalismus entweder menschlicher zu gestalten oder zu überwinden, kann sich diesem *Déjà-vu* nicht entziehen: Die gleichen gesellschaftskritischen Ideen, Kräfte und Motivationen kehren alle paar Jahre in leicht veränderter Gestalt wieder, ohne dass dies den Menschen, die sie vertreten, immer bewusst wäre. Wenn man dieses Phänomen mit einer gewissen inneren Distanz betrachtet, könnte man zur Ansicht gelangen, Gesellschaftskritik, politisches, soziales und ökologisches Engagement seien letztlich nicht durch die Missstände gegeben, die sie anprangern; vielmehr seien sie ein Entwicklungsstadium, das man durchmachen müsse wie die Pubertät und das auch wieder vorbeigehe. Und in der Tat lässt sich mit bedrückender Regelmäßigkeit beobachten, dass »es« bei vielen vorbeigeht, wie es gekommen ist. Was aber leider nicht vorbeigeht, das sind die gesellschaftlichen, sozialen, ökologischen und politischen Missstände. Diese verschärfen sich rasch und machen es immer nötiger, dass Menschen auch über persönlich durchlebte Entwicklungsphasen hinweg dranbleiben. Die Frage ist allerdings unausweichlich, warum und wie man denn dranbleiben sollte, wenn doch alles Engagement über ein halbes Jahrhundert hinweg sich als wenig nützlich erwiesen hat.

Hier liegt meines Erachtens die entscheidende Bedeutung der Wertkritik und der Wertabspaltungskritik. Sie kann Menschen im gesellschaftlichen Widerstand zu einem vertieften

Verständnis der Zusammenhänge verhelfen, in welchen sie arbeiten. Sie macht es möglich, sinnvolles Engagement von weniger sinnvollem oder sogar ganz sinnlosem zu unterscheiden. Sie kann somit dazu beitragen, dass Menschen dranbleiben und dass ihnen ihr Einsatz nicht vergeht, wie einem das Trotzalter oder die Windpocken vergehen. Es ist zwar nicht auszuschließen, dass die wert- und wertabspaltungskritischen Analysen und Diagnosen sich später als nur teilweise richtig herausstellen werden. Aber ganz gleich, wie spätere Zeiten diese Bewegung beurteilen mögen – man kann ihr heute jedenfalls nur gerecht werden, wenn man sich ernsthaft mit ihr auseinandersetzt und andere Theorien an ihr misst. Wer diese Mühe auf sich nimmt, wird bemerken, dass Wert- und Wertabspaltungskritik etwas geleistet haben, was sonst niemand hätte leisten können: Sie haben verstehbar gemacht, dass die stärkste emanzipatorische Kraft heute von der Kritik an den Kategorien ausgeht, die dem Kapitalismus zugrunde liegen. Sie haben damit gezeigt, wo gesellschaftliche Befreiungsbewegungen ansetzen müssen, wenn sie sich nicht mit einer Wiederholung dessen begnügen wollen, was vor ihnen schon unzählige andere erfolglos versucht haben. In dieser Erkenntnis lag meine stärkste Motivation beim Schreiben dieses Buchs.

Januar 2019, Ernst Schmitter

Anhang

Literatur und Weblinks

Adorno, Theodor W. (2001/1951), *Minima Moralia*, Berlin, Suhrkamp Verlag

Adorno, Theodor W. (1956/1957), *Probleme der Moralphilosophie*, Zitat aufgrund einer Stenogramm-Nachschrift einer Vorlesung Adornos, in: Andreas Benk, Schöpfung – eine Vision von Gerechtigkeit, Ostfildern, Matthias Grünewald Verlag, 2016, Endnote 707

Althusser, Louis, Etienne Balibar, Roger Establet, Pierre Macherey, Jacques Rancière (2015), *Das Kapital lesen*, Münster, Verlag Westfälisches Dampfboot

Arendt, Hannah (1986), *Elemente und Ursprünge totaler Herrschaft*, München, Piper

Bedszent, Gerd (2014), *Zusammenbruch der Peripherie*, Berlin, Horlemann Verlag

Böttcher, Herbert (2016), *Handlungsbedarf – Offener Brief an die InteressentInnen von EXIT! zum Jahreswechsel 2015/16*, in: EXIT! 13, 15–22

Böttcher, Herbert (2017), *Irgendetwas geht immer noch! – Vom Traum ewigen kapitalistischen Lebens durch alle Krisen hindurch. Offener Brief an die InteressentInnen von EXIT! zum Jahreswechsel 2016/17*, in: EXIT! 14, 19–26

Conrad, Otto (1934), *Die Todsünde der Nationalökonomie*, Leipzig, Verlag Franz Deuticke

Critique de la valeur-dissociation, Website: http://www.palimpsao.fr

Davis, Mike (2007), *Planet der Slums*, Berlin, Assoziation A

EXIT, Krise und Kritik der Warengesellschaft, Website: http://www.exit-online.org

EXIT! Krise und Kritik der Warengesellschaft (2004–), Zeitschrift, Bad Honnef, Horlemann Verlag; ab 2018 Springe, zu Klampen! Verlag

Foster, John Bellamy, Brett Clark und Richard York (2011), *Der ökologische Bruch – Der Krieg des Kapitals gegen den Planeten*, Hamburg, LAIKA-Verlag

Gruppe Krisis (1999), *Manifest gegen die Arbeit*, http://www.krisis.org/1999/manifest-gegen-die-arbeit

Jappe, Anselm (2005), *Die Abenteuer der Ware*, Münster, Unrast Verlag

Jappe, Anselm (2011), *Ist das Geld obsolet geworden?*, online: http://www.exit-online.org [01.10.18]

Jappe, Anselm (2015), *We Gotta Get Out of This Place*, Anselm Jappe with Alastair Hemmens, online: http: brooklynrail.org/2015/09/field-notes/anselm-jappe-with-alastair-hemmens [01.10.18]

Jappe, Anselm (2017), *La société autophage – capitalisme, démesure et autodestruction*, Paris, Editions de la Découverte

Konicz, Tomasz (2016), *Kapitalkollaps – Die finale Krise der Weltwirtschaft*, Hamburg, KVV konkret

Krisis, Kritik der Warengesellschaft, Website: http://www.krisis.org

Krisis, Kritik der Warengesellschaft, Zeitschrift, Hefte 8–33 (1990–2010), Erlangen, später Münster

Kurz, Robert (1986), *Die Krise des Tauschwerts*, in: Marxistische Kritik, Heft 1, 7–48; online: http://www.exit-online.org [01.10.18]

Kurz, Robert (1988), *Auf der Suche nach dem verlorenen sozialistischen Ziel*. online: http://www.exit-online.org [01.10.18]

Kurz, Robert (1991), *Der Kollaps der Modernisierung*, Frankfurt a. M., Eichborn Verlag

Kurz, Robert (1997a), *Antiökonomie und Antipolitik*, online: http://www.exit-online.org [01.10.18]

Kurz, Robert (1997b), *Kanonen und Kapitalismus*, online: http://www.exit-online.org [01.10.18]

Kurz, Robert, Ernst Lohoff und Norbert Trenkle (Hg.) (1999), *Feierabend! Elf Attacken gegen die Arbeit*, Hamburg, Konkret Literatur Verlag

Kurz, Robert (1999a), *Die Welt als Wille und Design*, Berlin, Edition Tiamat

Kurz, Robert (1999b), *Schwarzbuch Kapitalismus – Ein Abgesang auf die Marktwirtschaft*, Frankfurt a. M., Eichborn Verlag

Kurz, Robert (2000), *Marx lesen*, Frankfurt a. M., Eichborn Verlag

Kurz, Robert (2001), *Totalitäre Ökonomie und Paranoia des Terrors*, online: http://www.exit-online.org [01.10.18]

Kurz, Robert (2002), *Der Todestrieb der Konkurrenz*, online: http://www.exit-online.org [01.10.18]

Kurz, Robert (2003a), *Weltordnungskrieg*, Bad Honnef, Horlemann Verlag

Kurz, Robert (2003b), *Die antideutsche Ideologie*, Münster, Unrast Verlag

Kurz, Robert (2004), *Blutige Vernunft*, Bad Honnef, Horlemann Verlag

Kurz, Robert (2005), *Das Weltkapital*, Berlin, Edition Tiamat

Kurz, Robert (2008), *Der fliegende Teppich*, online: http://www.exit-online.org [01.10.18]

Kurz, Robert (2012), *Geld ohne Wert*, Berlin, Horlemann Verlag

Kurz, Robert und Ernst Lohoff (1989), *Der Klassenkampf-Fetisch*, in: Marxistische Kritik, Heft 7, 10–41

Lohoff, Ernst und Norbert Trenkle (2012), *Die große Entwertung*, Münster, Unrast Verlag

Marx, Karl und Friedrich Engels, *Werke (MEW)*, Berlin, Karl Dietz Verlag

Marxistische Kritik, Hefte 1–7 (1986–1989), Erlangen

Ortlieb, Claus Peter (2009), *Ein Widerspruch von Stoff und Form*, in: EXIT! 6, 23–54. Online: http://www.exit-online.org [01.10.18]

Postone, Moishe (2003), *Zeit, Arbeit und gesellschaftliche Herrschaft*, Freiburg, ça ira-Verlag

Scholz, Roswitha (1992), *Der Wert ist der Mann, Thesen zu Wertvergesellschaftung und Geschlechterverhältnis*, in: Krisis 12: 19–52. Online: http://www.exit-online.org [01.10.18]

Scholz, Roswitha (2000), *Das Geschlecht des Kapitalismus,* Bad Honnef, Horlemann Verlag

Scholz, Roswitha (2005), *Differenzen der Krise – Krise der Differenzen*, Bad Honnef, Horlemann Verlag
Streifzüge, Website: http://www.streifzuege.org
Streifzüge, Zeitschrift (1996–), Wien
Vincent, Jean-Marie (1987), *Critique du travail*, Paris, Presses Universitaires de France

Index